Uli Auffermann, Jahrgang 1960, ist ein echter Bochumer Junge. Aufgewachsen im Stadtteil Werne gegenüber der Zeche Robert Müser, fühlte er sich früh zum Bochumer Süden und jener herrlichen Landschaft hingezogen. Als wichtige Gegenwelt wurde sie zum Nährboden für seine Liebe zur Natur. Bis heute erzeugen die große Bergbautradition, die Ruhr und natürlich die ihm wichtigen Menschen ein starkes Heimatgefühl. Mittlerweile hat der Autor, Journalist und Fotograf um die 25 Bücher geschrieben und unzählige Artikel für Magazine und Tageszeitungen verfasst, die auch international große Beachtung erfahren. Meist zu Themen, die weit weg vom Ruhrgebiet liegen. Doch nie ist er sich zu schade, etwas über seine Heimat zu erarbeiten. Und steht er dann, wann immer möglich, hoch oben auf dem Kalwes – das Ruhrtal zu Füßen und im Rücken das Fördergerüst, unter dem er aufwuchs –, weiß er genau, wo sein Zuhause ist.

Der Bochumer Süden

Früher und Heute

Querenburg im Wandel – 1969 festgehalten auf einem einzigen Bild. Im Vordergrund die alten Backsteinhäuser an der Westerholtstraße, oberhalb das Neubaugebiet rund um die Schattbachstraße. Gut sind die gestufte Anlage und der unterschiedlich weit fortgeschrittene Bauzustand zu erkennen. In der Mitte die Bungalows mit Garten für die Professoren, dahinter die Hochhäuser der Hustadt.

Uli Auffermann

Der Bochumer Süden

Früher und Heute

SUTTON ZEITSPRÜNGE

Die Buslinie 51 brachte endlich die Anbindung Querenburgs an die Bochumer Innenstadt. Von dort kommend bog der Bus in die damalige Buscheystraße ab und folgte der Straße Auf dem Aspei bis zur Eulenbaumstraße, wo die Endhaltestelle lag. In jenem Bereich entstand auch 1952 dieses aussagekräftige Foto.

Vorsatz: Blick vom Südzipfel Stiepels Nähe „Alte Fähre" hinüber zur Kemnader Brücke, die im Februar 1952 gerade noch im Dunst des abziehenden Regens zu erkennen ist. Wieder einmal hatte es ein Hochwasser gegeben, denn noch sollte es fast 30 Jahre dauern, bis der Kemnader Stausee die Lage verbesserte.

Nachsatz: Am historischen Leinpfad kann man manchmal noch auf holpriger Sandsteinquaderpflasterung direkt am Wasser spazieren. Das Paar ist unterwegs von der Schleuse Blankenstein Richtung „Alte Fähre" und Kemnader Brücke, die sich in den Bäumen über dem Fluss versteckt.

Sutton Verlag GmbH
Hochheimer Straße 59
99094 Erfurt
www.suttonverlag.de

ISBN: 978-3-95400-490-4
Druck: Florjančič Tisk d.o.o. / Slowenien

Vorwort

Der Bochumer Süden! Meine erste bewusste Begegnung mit diesem Teil unserer Heimatstadt fällt in die späten 1960er-Jahre. Ein paar Tage Stadtranderholung im damaligen Ruhrlandheim hoch über dem malerischen Ruhrtal. Den Kemnader See gab es noch nicht, dafür den beschaulich dahinfließenden Fluss. Das war der größtmögliche Kontrast zu dem, wo ich herkam: aus Bochum-Werne, aufgewachsen gegenüber der Großschachtanlage Robert Müser! Das Ruhrtal wurde ein Ort der Verheißung, der mich lockte, Natur und Idyll auch hier zu Hause zu erleben, in jenen noch endlos erscheinenden Zeiträumen zwischen den Ferien, wenn es in die Alpen ging. Fortan zog es mich, wann immer möglich, nach Stiepel, nach Querenburg.

Später, schon auf dem Gymnasium, entstand ein fester Bezug. Meine Leidenschaft für das Bergsteigen hatte mich mit einem Gleichgesinnten zusammengeführt. Er wurde mein Seilpartner, mein bester Freund. Damals verging kein Klettertag in den Felsen der Umgebung, den wir nicht abends in seinem Elternhaus hoch über dem Lottental ausklingen ließen, in jener ländlichen Atmosphäre, dem Lärm und der Hektik entrückt. Rund 40 Jahre hat unsere Freundschaft nun schon gehalten, und wann immer ich bei ihm zu Besuch bin, entsteht das wohltuende Lebensgefühl von einst.

Dann die Zeit an der Ruhr-Uni – und klar, auch die Kultstätten der universitären Kneipenszene festigten die Beziehung zu dieser Region. In den letzten Jahren entbrannte meine alte Liebe neu. Ich näherte mich wandernd und die Heimat erkundend wieder und wieder diesem herrlichen Flecken Bochums. Mir wurde bewusst, wie bedeutsam aus bergbauhistorischer Sicht diese Stadtteile sind, wie hier einst alles begann und so nachhaltig auch das Leben meiner Familie beeinflusste. Viele Routen nahm ich in meine Wanderliteratur auf, entdeckte die Schönheiten der Landschaft und die spannende Historie aufs Neue. All das ist Grund, nun selbst einen bescheidenen Beitrag zur Erinnerung zu leisten.

So gab es für mich kein Zögern, nach „Zeitsprünge Langendreer und Werne“ das gleiche Projekt auch für den Bochumer Süden anzugehen. Und da der Umfang des Buches begrenzt ist, sollen Stiepel, Querenburg und ein Teil Wiemelhausens jenen Raum repräsentieren. Niemand möge sich deshalb ausgegrenzt fühlen, und dasselbe gilt für die Auswahl der Bilder. Sie ist nicht wertend, soll in keiner Hinsicht anderes weniger wichtig machen, sondern steht stellvertretend für diese Stadtteile – im Gegenteil, ganz sicher wären es alle Bilder wert gewesen, hier gezeigt zu werden! Noch viel mehr gilt dies für die Menschen und Geschichten, die hinter den Fotos stehen. So mögen mir alle verzeihen, die in dieses Buch keinen Eingang fanden. Stattdessen soll es Anlass sein, das Thema bei anderer Gelegenheit zu vertiefen. Denn es gibt so viel Interessantes, so viele starke Aufnahmen!

Klar, dass mich als Journalist zum Einstieg in das Thema der Weg ins Presseamt führte. Das Archiv dort scheint unerschöpflich. Dann aber waren es vor allem die Menschen, die Bewohner, die mich offen und engagiert unterstützten. Familien, die seit Generationen

Haus Kemnade ist ein überregional bekanntes Wahrzeichen des Bochumer Südens, auch wenn die südlichste Wasserburg Westfalens auf Hattinger Grund steht und erst 1921 in den Besitz der Stadt Bochum kam. Die Verbindung ist aber viel älter, denn vom 13. Jahrhundert an saßen auf Haus Kemnade die Lehnsherren von Stiepel.

dort verwurzelt sind. Landwirte, Geschäftsleute oder Gastronomen, die über Jahrzehnte das Bild des Bochumer Südens mitgestalteten und noch gestalten.

Meine heimatliche Recherche führte mich nach Stiepel – seit jeher ländlich geprägt. Hier ist die gelungene Symbiose eines gehobenen Lebensstils mit dem Bodenständigen entstanden. Golfplatz und bestelltes Feld, die Spuren der harten Maloche in den Kleinzechen, Reiterhöfe und prächtige Wohnhäuser – alles im harmonischen Miteinander. In Querenburg war es atemberaubend. Das zuvor ländliche Gesicht änderte sich in kürzester Zeit mit dem Bau der Uni. Heute stößt man auf starke Kontraste: die gewaltigen Betonkulissen von Ruhr-Universität und Hustadt, umgeben von grünen Oasen. Hier wird Wissen vermittelt, weltoffen gelebt, und auch wenn es nicht immer einfach ist, gelang es doch, viele Nationalitäten zusammenzubringen, im Nebeneinander, im Miteinander einen für alle Seiten befruchtenden Austausch möglich zu machen.

Starken Bezug zur Uni hat auch Wiemelhausen, das hier aber nur in seinen südlichen Ortslagen erfasst ist. Ein lebendiger Stadtteil, dessen Kern liebevoll Kirchviertel genannt wird. Gewachsen erst durch die große Epoche der Montanindustrie, auf deren Gelände sich heute Gewerbe und Dienstleistung, Museales und Kulturelles befinden. Apropos: Der Bochumer Süden strotzt nur so von Kultur, Freizeitmöglichkeiten und einmaliger Eventkultur. Der Kemnader See und der famose Ruhrtal-Radweg, der Botanische Garten und die medizinhistorische Sammlung, die ihresgleichen sucht, die Stiepeler Dorfkirche und das Zisterzienserkloster – all das ist heute genauso bekannt wie das Uni-Fest, die Radrennen in Wiemelhausen oder die Zeltstadt am See.

Ja, der Bochumer Süden hat eine starke, eine wechselvolle Entwicklung hinter sich. Und ich möchte auf den folgenden Seiten dazu anregen, sich zu erinnern, sich zu erfreuen. So lade ich alle herzlich ein, ob Besucher oder Bewohner, mir in meiner Begeisterung für diesen herrlichen Teil Bochums zu folgen.

Viel Spaß beim Lesen und „Glück Auf!“ für Bochums Süden!

Danksagung

Bedanken möchte ich mich bei den im Buch erwähnten Vereinen und Geschäftsleuten für ihre Fotos und Informationen, darüber hinaus insbesondere bei Herrn Hensing vom Stiepeler Verein für Heimatkunde, Herrn Dickhut vom Knappenverein Schlägel & Eisen Stiepel/Dorf und Herrn Unger vom Verein University meets Querenburg. Mein Dank gilt auch Herrn Lutter vom Presseamt der Stadt Bochum und den Familien Dörmann, Hoffstiepel, Lumma und von Roden für die Überlassung ihrer Privatfotos und ihren Berichten über ihre Familiengeschichte.

Bildnachweis und Literatur

Auffermann, Uli: S. IV, 6, 11, 13, 15 beide, 17, 19, 21 oben, 25 beide, 31, 33, 35, 39, 41, 43, 47, 49, 53, 55, 57 klein, 59, 61, 63, 65, 67 beide, 69, 71 beide, 73, 77, 79, 81, 83, 85, 87 beide, 89, 91, 93, 95, 97, 99, 101, 103, 105, 107, 109, 111, 115, 117, V/VI; Bürgerschützenverein Stiepel e.V.: S. 36, 37; Fam. Behrenbeck (Haus Oveney): S. 10 beide; Heino Borgböhmer (Borgböhmer's Waldesruh): S. 8, 9; Fam. Dörmann: S. 116; Freiwillige Feuerwehr Querenburg: S. 57 groß; Freiwillige Feuerwehr Stiepel: S. 20/21; Golfclub Bochum: S. 113; Fam. Hoffstiepel: S. 112; KC Wiking e.V.: S. 66; Archiv Krämer (Bodegas Rioja): S. 70; Fam. Laux (Haus Vocke): S. 64; Fam. Lumma (Volksbühne Bochum): S. 46, 74, 75; Fam. Meyer (Ruhrland-Apotheke): S. 114; Fam. Monstadt: S. 14; rumberg - die möbelcollection OHG: S. 90; Archiv Send: S. 12, 80; Stadt Bochum Presseamt: S. II/III, 2, 4, 16, 18, 24, 30, 32, 34, 38, 40, 48, 50, 52, 54, 56, 58, 60, 68, 72, 76, 78, 82, 84, 86, 88, 92, 94, 96, 98, 100, 102, 104, 106, 110, 119, 121; St.-Johannes-Stift e.V.: S. 42; SV Blau-Weiß Bochum e.V.: S. 51; SV „Rot-Weiß 04“ Bochum-Stiepel e.V.: S. 22, 23; TC Südpark e.V.: S. 44, 45; Theater- und Karnevalsvereins Germania 1888 Bochum-Querenburg e.V.: S. 26, 27; TuS 1890 Bochum-Querenburg e.V.: S. 28, 29; Fam. von Roden: S. 108; Fam. Wilkendorf (Forellenhof Wilkendorf): S. 62.

AUFFERMANN, ULI: Stadtwanderführer Bochum. Gudensberg 2013.

BIMBEL, HANS W.: Zur Geschichte der Bochumer Ortsteile. Bochum 1973.

BLEIDICK, DIETMAR: 200 Jahre Bergbau in Bochum-Stiepel. Die Geschichte der Zeche Brockhauser Tiefbau. Bochum 2015.

GAERTNER, CURT: Querenburg wie es war – wie es ist. Bochum 1976.

STADT BOCHUM: Bochumer Straßennamen – Herkunft und Deutung. Bochum 2004.

VEREINIGUNG FÜR HEIMATKUNDE E. V.: Bochumer Heimatbuch Band 8: Bochum – Wandel in Architektur und Stadtgestalt. Bochum 1985.

WINTER, HEINZ: Königreich Stiepel, Berichte aus der Stiepeler Geschichte. Bochum 1987.

VIETOR, WALTER: Bochum-Querenburg – eine heimatkundliche Studie. Bochum 1955.

DERS.: Bochum-Querenburger Aufsätze, Betrachtungen zur strukturellen Entwicklung des Ortsteils. Bochum 2005.

Borgböhmer's Waldesruh

Schon 1898 konnte sich das damalige Ausflugslokal „Zur Waldesruhe“ wirklich sehen lassen! Die hübsche Ansichtskarte zeigt das stattliche, 1812 von Johan Henrich Borgbö(h)mer an einem kleinen Bergrücken im Papenloh errichtete Fachwerkhaus mit großer Gartenwirtschaft und überdachter Aussichtsterrasse. 1861 hatte man sich für 654 Reichstaler aus der Lehnsherrschaft freigekauft, und so nahm ein echtes Familienunternehmen seinen Anfang. Dem bäuerlichen Betrieb war es gelungen, mit dem Verkauf von hausge-

machtem Bauernstuten und frischer Kuhmilch ein zweites Standbein aufzubauen, und so richtig los ging es, nachdem der Landwirt und Rechnungsführer Heinrich Borgböhmer von 1888 an alkoholische Getränke ausschenken durfte. Man wurde immer erfolgreicher, auch wegen der idyllischen Lage, sodass Heinrich „Heinz“ Borgböhmer in den 1950er-Jahren die Landwirtschaft ganz aufgab. Aus der einstigen Landgaststätte war nach vielen Um- und Anbauten mit „Borgböhmer's Waldesruh“ eine überregional bekannte Institution im Bochumer Süden entstanden, gerade auch wenn es im Familienkreis etwas groß zu feiern gab. Dann der Schock: Im März 2010 fiel das Anwesen einem Brandanschlag zum Opfer! Doch die Brüder Heinrich „Heino“ (Hotelkaufmann) und Gerd Borgböhmer (Küchenmeister) entschlossen sich gemeinsam mit Mutter Gerda zum Neuanfang, denn ihr Herz hing an dem, was über viele Generationen gewachsen war. Und wie herrlich sich die neue „Waldesruh“ seit Juli 2011 präsentiert, zeigt das aktuelle Foto. Ist die Aussicht nicht fantastisch?

Haus Oveney

Immer schon wusste man in Stiepel die besonders schönen Plätze zu schätzen, und so gibt es bereits seit ewigen Zeiten in der Oveney, der oberen Aue, für die Ausflügler ins Ruhrtal eine Gaststätte, die aber auch Stammkneipe war für die „Püttmänner“ u.a. der nahen Zeche Gibraltar, um auf dem Nachhauseweg auf ein Bier und einen Korn hereinzuschauen (das Foto ist um 1900 entstanden). Um 1860 hatte Helene, eine der beiden Töchter des Hofes Oveney, Emil Behrenbeck geehelicht, und man blieb gemeinsam dort. Damals war es üblich, Haus und Hof und deren Besitzer auch nach der Gegend zu benennen, also hieß man fortan Behrenbeck genannt Oveney. Die Oveneystraße allerdings bekam ihren Namen erst 1930, den ersten überhaupt. Uralt dagegen war die Hofstelle, sie wurde schon um 1220 erwähnt, doch nach einem Brand musste 1874 ein neues Haus errichten werden, eben jene stattliche

schiefergeschmückte Wirtschaft, die auf einem erhalten gebliebenen Kellergewölbe steht. Frau Behrenbeck führt heute die Familientradition fort und leitet die Gaststätte. Zwei Generationen davor, nämlich Großeltern und Vater nebst dessen Schwestern, zeigt das Bild im Bild von 1946. Inzwischen ist „Haus Oveney" rundum renoviert und noch immer in hübschem Schiefer. Einige der Nebengebäude stehen auch noch. Seitdem der Kemnader See eingeweiht wurde, profitiert man sehr von der günstigen Lage direkt am Uferweg mit dem Anleger des Ausflugsschiffs, und so bleibt das traditionsreiche Haus den Stiepelern und den Gästen von weiter weg wohl noch lange erhalten.

Bergarbeitersiedlung Borgholzwiese

Der massive industrielle Aufschwung nach 1870 hatte zu einem riesigen Bedarf an Arbeitskräften geführt, und so kamen in kurzer Zeit sehr viele Menschen ins Ruhrgebiet und benötigten eine Heimstatt. Oftmals aber waren die notdürftig errichteten Unterkünfte völlig unzulänglich, und viele hausten dicht gedrängt. Zumeist reichte auch der Lohn noch nicht einmal für die Familie. Um die Jahrhundertwende änderte sich diese Situation, denn wollte man die auch anderswo begehrten Mitarbeiter an sich binden, mussten die Unternehmen den Wohnraum und das Auskommen verbessern. Siedlungen mit den typischen Gärten und Ställen für die Selbstversorgung entstanden. So auch 1909/10 die Kolonie der Zeche Prinz Regent in Wiemelhausen. Nicht alltäglich war damals der Besuch eines Fotografen, um die Bewohner vor ihrem Heim abzulichten. Die Häuser rund um die sogenannte Borgholzwiese an der Borgholz-, der Wiemelhauser- und der Bruchstraße vermittelten die Atmosphäre einer Gartenstadt. Verschiedene Haustypen mit jeweils vier nicht zu kleinen Wohnungen bedeuteten damals einen großen Fortschritt. Im Laufe der Jahre aber wurde kaum investiert, und ohne Bad und vielfach noch mit Kohleofen gab es wie woanders auch den Gedanken, die Siedlung abzureißen. Stattdessen aber wurden die Mieter oft selbst aktiv und modernisierten auf eigene Kosten, denn hier zu wohnen war immer auch echte Heimat. Inzwischen sind die Häuser liebevoll hergerichtete Eigenheime, und alle sind froh, dass dieses Stück Bergarbeiterkultur erhalten blieb.

Am Reiterhof Monstadt

Unverkennbar: Das wohl 1903 erbaute Wohnhaus der Familie Monstadt gibt es noch! Und auch der Stall blieb nahezu unverändert. Die alte Aufnahme von der heutigen Gräfin-Imma-Straße (vormals Kirchstraße) aus entstand um 1910 und zeigt das nach einem Brand wiedererrichtete Bauernhaus – davor stehend sicherlich zwei Bewohnerinnen. Beim weiteren Rundgang kann man einen Balken mit der Inschrift 1857 entdecken, der zum

alten Hof gehörte. Bis Ende der 1960er-Jahre betrieb man hier einen normalen Bauernhof mit ein paar Kühen, einer Schweinezucht und einem Hühnervolk, wie eben üblich. Aber Fritz Monstadt hatte Anfang der 1970er-Jahre Neues im Sinn. Er liebte die Pferde und den Reitsport und gründete bei sich zu Hause kurz entschlossen den Reit- und Fahrverein Stiepel. Mehr noch, im selben Jahr 1971 wurde neben dem alten Stallgebäude eine neue Reithalle mit Pferdeboxen gebaut und im Jahr darauf die Gastronomie eröffnet. Seitdem herrscht überall reges Treiben: Man sieht junge Leute „hoch zu Ross“ oder ihre Tiere pflegen, sie misten aus, kümmern sich um ihre Ausrüstung oder stehen plaudernd beisammen, und jede Menge Spatzen und Rauchschwalben vervollkommnen die Szenerie. Genauso aber kann man es sich unter schönen alten Bäumen im Biergarten gemütlich machen. Fritz Monstadt ist mit seinen mittlerweile 65 Jahren noch überall zu finden, ob mit dem Trecker unterwegs beim Mist wegfahren oder beim Füttern der Tiere. Hier, im Bochumer Süden, ist ein Idyll entstanden, das die Großstadt vergessen lässt.

Im Kirchviertel

Kirchviertel – so nennt man das fast dörflich anmutende Zentrum von Wiemelhausen um die St.-Johanneskirche. Und dörflich war es auch, denn vor 1800 zählte man gerade einmal rund 200 Einwohner. Auch hier wuchs die Bevölkerung rasant, und bald wollte man eine eigene katholische Kirche, die nach der Weihe im September 1887, noch ohne Kirchturm, so spartanisch war, dass es nicht einmal Bänke gab. Sehr übersichtlich wirkte um 1920 auch noch die Ecke Borgholzstraße, Brenscheder Straße. Seit 1905 fuhr hier die Straßenbahn von Bochum über die Wiemelhauser -, die Bruch- und die Brenscheder Straße zur Markstraße, um dort nach gut fünf Kilometern zu enden. Und wie man sieht,

hatte das Gotteshaus damals noch immer nur einen hölzernen Glockenturm. Allerdings wuchs die katholische Gemeinde beachtlich, sodass ein Anbau und zugleich ein 30 Meter hoher Turm errichtet wurden – seither ein Wahrzeichen von Wiemelhausen. Die 1931 neu eingeweihte Kirche überstand den Krieg fast unbeschadet, musste dann aber wegen Bergschäden Ende der 1960er-Jahre völlig saniert werden. Die alten Häuser von damals stehen noch, im ganz linken war lange eine Bankfiliale. Ende der 1980er-Jahre wurde die Kreuzung zum Kreisverkehr umgestaltet. An der Kirche entstand ein Gemeinschaftsplatz, auch für den kleinen Wochenmarkt. Dort „potten" die Brenscheder Bauern jährlich den Maibaum, und wenn das klassische Radrennen stattfindet, steht hier nicht nur der Lautsprecherwagen des Rennkommentators, es ist auch der Ort für die Siegerehrungen.

Zeche Prinz Regent

Wenn das nicht typisch Ruhrpott war! Die Zeche Prinz Regent mit der gleichnamigen Straße im Jahr 1926, beim Blick Richtung Karl-Friedrich-Straße. Schacht Carl ging 1873 in Förderung, rechts daneben das Gerüst von Schacht Albert. Wie bedeutsam war doch jenes gewaltige Bergwerk für die Menschen und die Entwicklung vor allem von Wiemelhausen, das seit 1904 zu Bochum gehört! Mitte der 1920er-Jahre fanden hier bercits mehr als 3.500 Leute Lohn und Brot unter und über Tage, etwa in der Kokerei oder der Brikettfabrik. Von der Mauer aus klassischem Backstein stehen immer noch Teile. 1956 dann wurden die Zechen Prinz Regent und Dannenbaum vereint, und es war ein mächtiger Schock, als nur vier Jahre später im Februar 1960 die Stilllegung als erste

Großzeche in Bochum erfolgte und das stetige Zechensterben noch deutlicher machte. Alles war zuvor auf die Straße gegangen, um zu protestieren. Ohne Erfolg. Fast 3.000 Mann mussten sich eine neue Stelle suchen – ob auf absehbare Zeit bei anderen Zechen oder beim gerade neu angesiedelten Autobauer Opel. Manche gingen in den Vorruhestand. Was die „Kumpel“ besonders ärgerte, waren die riesigen Mengen noch ungeförderter Kohle, die nun für immer verloren gingen. Zum Glück wurden wenigstens nicht gleich alle schönen alten Backsteinbauten abgebrochen, und so heißt es dort schon seit langem Kultur statt Kohle. 1981 eröffnete die längst legendäre „Zeche“ in der früheren Schlosserei, und u.a. fanden das Prinz-Regent-Theater oder die Bochumer Symphoniker hier einen ganz besonderen Rahmen.

Freiwillige Feuerwehr Stiepel

Im Jahr 1927 wirkte die Feuerwehr von Stiepel in ihren Uniformen doch sehr militärisch. Damals konnte die Truppe 25-jähriges Bestehen feiern, denn 1902 war es endlich gelungen, einen eigenen Löschzug zu gründen: 24 Mann stark, allesamt alteingesessene Stiepeler Bürger. Das Spritzenhaus wurde neben der Schule in Haar erbaut, die – ausgerechnet – 1904 abbrannte und durch ein neues Amtshaus für Stiepel ersetzt wurde. Trotzdem hatte sich das Feuerlöschwesen durch den Löschzug für die Gemeinde erheblich verbessert. Vor allem nach dem Zweiten Weltkrieg hielt moderne Technik Einzug, und das Aufgabenfeld wurde breiter. In den folgenden Jahrzehnten machten sich besonders Oberbrandmeister Naurath (er bekam 1958 sogar das Bundesverdienstkreuz) und Brandmeister Becker um die Stiepeler Feuerwehr verdient. Neubauten wie die Fahrzeughalle von 1981 oder die neue Feuerwache, die 2002 zum 100. Jubiläum bezogen wurde, konnten nur durch viel Eigenleistung verwirklicht werden. Wichtiger denn je ist die Einsatzbereitschaft der Ehrenamtlichen, denn die aktuellen Standorte der Berufsfeuerwehr sind nicht gerade „um die Ecke". Heute besteht der Löschzug der „Freiwilligen", allen voran Leiter Andreas Klein, aus rund 30 Mann, die seit langem im früheren Amtshaus ihre eigenen Dienst- und Schulungsräume

haben. Jedes Jahr wird der Brandschutztag organisiert und um den Zusammenhalt zu stärken, etliches gemeinsam unternommen. Das Gruppenbild mit Jugendfeuerwehr entstand, als im Frühjahr 2015 ein neues Fahrzeug entgegengenommen werden konnte!

Rot-Weiß Stiepel

Elf junge Männer waren im Juni 1904 zu Fuß unterwegs nach Hattingen und entdeckten dabei ein paar Studenten, wie sie auf einer Wiese hinter einem Ball herjagten. Man ließ sich das muntere Spiel erklären, und schon auf dem Heimweg war beschlossen, einen Fußballverein ins Leben zu rufen. Bereits von 1907 an nahm der „Fußballklub Stiepel“ – damals noch in Grün-Weiß – an Meisterschaften teil. Daneben begeisterte man sich für

Sportarten wie Schlagball, Faustball und Leichtathletik, sodass 1913 mit „Spiel und Sport Stiepel“ ein passenderer Name gefunden wurde. Schade, dass man nicht mehr weiß, wer die verwegene Truppe auf dem Bild von 1929 ist. Vermutlich durften die Damen nicht mitspielen! „Sportverein ‚Rot-Weiß 04‘ Bochum-Stiepel“ heißt der Klub seit 1955, und seither öffnete man sich vermehrt dem Breitensport. In dieser Zeit konnte auch ein neuer Sportplatz auf dem alten Ziegeleigelände an der Kemnader Straße bezogen werden, und nicht nur die Turner freuten sich über eine vereinseigene Halle. Heutzutage haben die „Rot-Weißen“, die 1993 ihr komplett umgebautes Vereinsheim festlich einweihen durften, neben der größten Gruppe der Turner u.a. Schwimmer, Judoka, Nordic-Walker und Volleyballer in ihren Reihen. Die starke Abteilung der Fußballer wurde 1997 als „Fußballgemeinschaft im SV Rot-Weiß Stiepel“ verselbstständigt. Aktuell spielen bei ihnen vier Senioren-, eine Altherren-, zwei Mädchen- und elf Jugendmannschaften. Auf dem Foto zu sehen ist die 1. Mannschaft, die in der vergangenen Saison Platz 8 in der Kreisliga A belegte.

An der Kost

Aus der damaligen Remise des Gasthauses „An der Kost“ heraus entstand 1930, dem Jahr ihrer Fertigstellung, das Foto von der alten Kosterbrücke. Jene Brücke war bereits die vierte an dieser Stelle, und die Straßenbahnlinie zwischen Stiepel und Hattingen führte auch darüber hinweg. Keine 35 Jahre später, wohl Ende 1963, musste sie für den Autoverkehr gesperrt werden. An diesem wichtigen Ruhrübergang war seit dem Mittelalter vom dortigen Gutshof, der zu den drei großen Domänenhöfen Welpers gehörte, eine Fähre

betrieben worden. Als die nahe Henrichshütte 1854 gegründet worden war, erbaute man bereits eine erste Holzbrücke, die bald durch eine neue ersetzt wurde. Mit dem Bau einer Eisenbetonbrücke, der dritten Brücke, die, zunächst mautpflichtig, 15 Jahre in Nutzung war, wurde um 1910 auch das Haus „An der Kost“ errichtet – zwar auf Hattinger Seite, aber zugleich ein fester Bestandteil des Ruhrtals im Bochumer Süden. Im sogenannten Reformstil entworfen, hat es in unserer Region baugeschichtliche Bedeutung und steht unter Denkmalschutz. Inzwischen wurde aus der Remise mit den Sandstein-Rundbögen ein uriger Gastraum. Und durch genau denselben Bogen kann man beim Bild im Bild auch einen Abschnitt der jetzigen Kosterbrücke sehen. 1980 eingeweiht, fiel sie aber sehr viel größer aus – und steht auch ein Stück weiter flussabwärts. So kann man es sich heute direkt neben dem stilvollen Ruhr-Hotel auf dem alten (betonverschalten) Brückenkopf auf der Sonnenterrasse gut gehen lassen – mit Spitzenblick hinüber nach Bochum.

Karneval … in Querenburg

Wirklich fesch die Mädels – und Jungs – des „Theater- und Karnevalsvereins Germania 1888 Bochum-Querenburg“, aufgenommen in der Session 2014. Gut 50 Mitglieder im Alter von vier bis über 90 Jahren engagieren sich dort, wo heute der Karneval im Mittelpunkt steht. Die drei Tanzgarden – die Aktivengarde, die Juniorengarde und die Jugendgarde – haben samt Tanzmariechen und Tanzpaar richtig viel zu tun. Um die 40 Auftritte in Bochum und Umgebung müssen sie jedes Jahr hinlegen. Dazu noch die Tanzturniere –

und das alles sehr erfolgreich. Als sich im späten 19. Jahrhundert, als Querenburg erstmals als „Dorf“ bezeichnet wurde, bei den Einwohnern ein Sinn für Gemeinwesen entwickelte, zog dies auch die Gründung diverser Vereine nach sich. Während einer Karnevalsfeier etwa beschloss man, den „Theaterverein Germania“ ins Leben zu rufen, und letztlich entstand nach 1929 der Brauch, jeweils am Rosenmontag ein Fest zu feiern. Man zog singend durch die Gemeinde, deren Bewohner sich mit Eiern, Mettwurst und anderen Leckereien bedankten. Abends kamen dann alle an der Eulenbaumstraße, Ecke Auf dem Aspei in der traditionsreichen „Gaststätte Eggermann“ zusammen (das Haus blieb als eines der wenigen von Alt-Querenburg erhalten und ist heute das „Hotel Schmerkötter“). Bei Musik und Tanz ließ man sich die Gaben schmecken. Höhepunkte des Jahres waren damals das Karnevalsfest, ein gehobenes „Kulturprogramm“ im Sommer und ein Theaterstück zu Weihnachten. Wie so etwas aussehen konnte, zeigt die „Bacchusbeerdigung“ von 1934.

Jubiläum beim TuS Querenburg

Im Jahr 2015 konnte der „TuS Querenburg" bereits sein 125-Jähriges feiern. Denn er ging zu einem Teil aus dem 1890 gegründeten Turnverein „Jahn Querenburg" hervor, der sich insbesondere dem Turnen und dem Faustballspiel widmete. Zu diesem gesellte sich 1938 der „Sportverein Germania 1907", der schon von Beginn an Fußball gespielt hatte; zunächst mehr schlecht als recht auf dem Gelände des Bauern Schulte-Frielinghaus, dann auf einem Platz an der Markstraße. Gemeinsam nannte man sich „Turn- und Sportverein 1890 Bochum-Querenburg". Die Fußballmannschaften nutzten nun einen neuen städtischen Sportplatz an der Buscheystraße, der aber weder Umkleide- noch Toilettenräume hatte. Auf diesem verschneiten Platz entstand in den 1930er-Jahren oder etwas später die Aufnahme

der abgehärteten Jungs der damaligen 1. Mannschaft, die es 1959 in die Bezirksklasse schaffte. Zudem waren die Faustballmannschaften damals richtig gut, und nach dem Bau einer Sporthalle nahmen Turnen und Leichtathletik einen erneuten Aufschwung. Keiner war traurig, als der alte Bolzplatz wegen der Baumaßnahmen für das Uni-Center aufgegeben werden musste, zumal im Laerholz das heutige „Waldstadion" gebaut wurde, diesmal mit allen Drum und Dran und sogar einer Hausmeisterwohnung. Dort stellte sich der Verein Anfang der 1980er-Jahre auch sein Clubhaus hin. Beim TuS gibt es neben Fußball und Tischtennis, die als Wettkampfsportarten betrieben werden, jede Menge Freizeitsport für alle. Nach wie vor ein Aushängeschild ist sicher die hier abgebildete 1. Mannschaft der vergangenen Saison.

Wallfahrtskirche St. Marien

Bis zum Ersten Weltkrieg war die kleine Dorfkirche das einzige Gotteshaus im damals noch selbstständigen Stiepel. Ein Marienbild aus dem 15. Jahrhundert hatte einst viele Gläubige dort hingezogen. Später galt es lange als verschollen, wurde 1908 aber doch noch wiedergefunden. Um die Marien-Wallfahrt erneut aufleben zu lassen, wünschten sich die katholischen Christen im Ort eine eigene Kirche. So erbaute man 1914/15 die Marienkirche, die, eigentlich größer geplant, wegen des Krieges etwas kleiner ausfiel und nun seit etwa 1920 das Gnadenbild ausstellt. Wann genau das Luftbild mit Blick von Süden entstand, ist nicht bekannt, es dürfte wohl nicht vor Mitte der 1930er-Jahre gewesen sein. Gut zu

erkennen ist die Kemnader Straße und wie isoliert die Marienkirche mit der einfachen Pilgerhalle aus jener Zeit noch war. Wenn nötig, hielt man für die Pilgerschar den Gottesdienst unter freiem Himmel ab. 1955 wurde Stiepel eigenständige Pfarrei und die Kirche somit auch Pfarrkirche. Große Veränderungen brachte schließlich das 1990 eingeweihte Zisterzienserkloster mit sich, die erste Neugründung des Stiftes Heiligenkreuz bei Wien seit dem 14. Jahrhundert. Im Zuge des Klosterbaus errichtete man auch das „Restaurant Klosterhof" – mit österreichischer Küche. Die stimmungsvolle heutige Ansicht von der Straße Zum Varenholt aus – also diesmal von Norden – zeigt die seither dem Kloster angeschlossene Marienkirche mit der Klostergaststätte, die den Blick auf das Kloster selbst verstellt. Bei der Wallfahrt von überregionaler Bedeutung kommen jährlich etwa 40.000 Pilger.

Badespaß auf der Ruhrinsel

Was könnte es Schöneres geben, als sich bei herrlichstem Sommerwetter ein bisschen in der Sonne zu aalen und dann zur Abkühlung in die Fluten zu springen? Im Bochumer Süden war das Badeparadies schlechthin das Freibad an der Spitze der Ruhrinsel am Schleusenkanal. Eine richtige Flussbadelandschaft zeigt uns das Foto von 1935, mit abgeteilten Schwimmbereichen und Badekabinen. Von Stiepeler Seite führte eine kleine Brücke über den Kanal der alten Blankensteiner Schleuse, die auch damals schon ewig nicht

mehr genutzt wurde. Die Ruhr hatte zur Schiffbarmachung bis 1782 insgesamt 15 Schleusen zwischen Witten und der Mündung in den Rhein erhalten, war sogar einmal wegen des Kohletransports auf den sogenannten Ruhraaken die meistbefahrene Wasserstraße Deutschlands. Doch auf Dauer konnte man mit der Eisenbahn und der Kanalschifffahrt nicht mithalten. Nach ihrer Blütezeit um 1850 wurde in den 1890er-Jahren die Schifffahrt oberhalb von Mülheim eingestellt. Dafür gab es von der Badeinsel aus gesehen ein kleines Stück weiter die Ruhr hinauf noch bis 1960 den Fährbetrieb Diergardt hinüber nach Blankenstein. Im Hintergrund erkennbar ist die erste Kemnader Brücke, die 1945 gesprengt wurde. Auch noch in den 1950er-Jahren kam manche Badenixe sogar mit dem Fahrrad aus Bochum-Mitte, um mit Freunden an der Insel einen schönen Tag zu verbringen. Das neue Foto von Burg Blankenstein aus mit tollem Blick auf Stiepel zeigt: Offiziell darf natürlich nicht mehr in der Ruhr geschwommen werden, vor allem auch, weil es nicht ganz ungefährlich ist.

„August inne Nacht“

Ein Wahrzeichen Stiepels war die Witthüser Mühle mit ihrem Windrad. 1935, als das Foto entstand, konnten die Bauern dort noch ihr Korn mahlen lassen. Beinahe 100 Jahre zuvor hatte Christian Witthüser ein Stück Land im Haarholz – im Waldgebiet auf dem Schrick – gepachtet und urbar gemacht, das er später vom Landwirt Dietrich Schulte-Schüren käuflich erwerben konnte. Sein Nachfahre, August Witthüser, errichtete 1908 eine Windmühle zum Mahlen von Getreide und zum Betreiben landwirtschaftlicher Maschinen. Witthüser bekam wegen seiner eigenwilligen Arbeitszeiten – denn blies der Wind in der Nacht, war auch der Müller aktiv – den Beinamen „August inne Nacht“. Sogar sein Mehl soll er gelegentlich des Nachts ausgeliefert haben. Ein paar Jahre später erhielt die Mühle zusätzlich einen Elektromotor. Um 1939/40 stockte man das Mühlenhaus, das aus Ruhrsandstein errichtet worden war, zur jetzigen Höhe auf. Schade: 1957 wurde das Windrad abgerissen. Das aktuelle Foto zeigt die ehemalige Mühle an der Straße Rotteland als mittlerweile schick ausgebautes Wohnhaus, in dem man aber sofort das alte Mühlengebäude wiedererkennt – trotz ergänztem Wintergarten und verglasten Giebeln. Dabei stand das Windrad eigentlich auf der Rückseite der jetzigen Ansicht, denn die neue Aufnahme wurde nicht von Süden, wie die historische Vorlage, sondern von Norden gemacht. Ländlich-idyllisch ist diese Ecke Stiepels nach wie vor, aber nun insbesondere bevorzugte Wohnlage mit wunderschönem Blick vom kleinen Kamm über die umliegenden Wiesen und Felder.

Gut Schuss!

Eine ideale Grußformel auch für den traditionsreichen „Bürgerschützenverein Stiepel" (BSV) mit seinen heute rund 500 Mitgliedern! Nachdem 1854 der Stiepeler Bürgermeister einigen Freunden des Schützenbrauchtums die Erlaubnis erteilt hatte, ein „Prämienschießen nach der Scheibe" veranstalten zu dürfen, gründete man kurz darauf den „Schützenverein Mittelstiepel". In der Umgebung bildeten sich weitere Vereine, die sich Ende 1933 zusammentaten, unter dem gemeinsamen Dach aber als sogenannte Kompanien

fortlebten. Während des Krieges und lange danach ruhte das Vereinsleben. Erst zum 100-Jährigen fand im Sommer 1954 wieder ein Schützenfest statt, an dem auch die Schützen aus Weitmar und Wiemelhausen teilnahmen. Und so entstand nach und nach die Tradition, das Schützenfest mit Kirmes, Schützenumzug, Königsschießen usw. jeweils im Wechsel in einem der drei Stadtteile abzuhalten. Seit 2006 hat der BSV jetzt Vereinsheim und Schießstätte an der Kosterstraße. Viel Enthusiasmus und Eigenleistung waren nötig, um die ehemalige Ziegenstation umzubauen. Hier veranstaltet man auch alle drei Jahre das Königsschießen. Immer freitags und sonntags findet zum Training und netten Beisammensein ein lockeres Treffen für alle sieben Kompanien statt. Was früher noch streng und zackig zelebriert wurde, wie man auf dem Foto wohl von 1935 beim Ausmarsch der Kompanie Henkenberg sehen kann, erscheint in heutiger Zeit auf dem Weg zum Vogelschießen – beim Abbiegen von der Kosterstraße auf das Vereinsgelände – doch sehr viel lockerer und beschwingter.

Alte Kemnader Brücke

Aus Richtung Bochum mit wunderschönem Blick zum Haus Kemnade hielt der Fotograf im Kriegsjahr 1941 die damals gerade einmal 13 Jahre alte Kemnader Ruhrbrücke fest – und viel älter sollte sie auch nicht werden, denn im April 1945 wurde sie durch zurückweichende deutsche Truppen gesprengt. Dabei dauerte es einst so lange, bis überhaupt eine erste Brücke gebaut werden konnte. Nach dem großen Hochwasser von 1486 hatte die Ruhr ihr Flussbett nach Norden verlagert und Haus Kemnade von Stiepel abge-

schnitten. Bei Niedrigwasser gab es dort eine Furt, und um 1892, als eine Straße von Weitmar bis hinunter zum Fluss leitete, wurde eine Fährverbindung eingerichtet. Stiepel und Hattingen wollten eine Brücke zur besseren Anbindung, doch die Herren von Haus Kemnade bestanden auf ihrem Fährrecht, mit dem sich gutes Geld verdienen ließ. So dauerten Verhandlungen und Planungen bis 1914, als der Erste Weltkrieg das sicher geglaubte Vorhaben stoppte. 1921 erwarb die Stadt Bochum Haus Kemnade, der Fährrechtsstreit war somit beendet, und endlich konnte 1928 die Brücke nach rund zweijähriger Bauzeit eingeweiht werden. Nach dem Krieg musste der Fährmann noch einmal „ran“, bis die Trümmer beseitigt waren und die neue Brücke im Mai 1950 eröffnet wurde. Nach wie vor markiert die Ruhr hier die Stadtgrenze, doch leider ist der Fotostandort von 1941 auf Höhe der Gibraltarstraße inzwischen völlig zugewachsen. Um die Kemnader Brücke erneut zu fotografieren, hieß es, ein ganzes Stück hinabzusteigen, und so fehlt denn auch die schöne Aussicht.

Dorfschule ade!

Sie war eine der fünf Stiepeler Volksschulen, die kleine Dorfschule an der Brockhauser Straße. Erbaut neben dem alten Hof Stiepel, kann man auf dem Foto aus früherer Zeit am linken Bildrand einen Teil einer Scheune ausmachen, vor der die schmale Nettelbeckstraße verlief. Das stallähnliche Nebengebäude an der Schule war übrigens das Toilettenhaus. Anfang der 1960er-Jahre wurde alles noch einmal renoviert, 1970 dann aber doch abgerissen. Zu dieser Zeit hatte man nach und nach alle Kleinschulen in Stiepel aufgelöst,

und seither gehen die Grundschüler in die „Gemeinschaftsgrundschule Gräfin-Imma“ an der Kemnader Straße, die sogar ein eigenes Lehrschwimmbad bekam. Wo zuvor die Dorfschule stand, wurden anschließend Wohnhäuser errichtet, und anstelle des alten Bauernhofs kann man nun an lauen Sommerabenden auf einem kleinen Platz beinahe südfranzösisches Ambiente spüren, wenn der örtliche Boule-Club „Le Village“ in aller Gelassenheit seiner Leidenschaft frönt und die Kugeln aneinander klacken lässt. Seit etwa 1990 treffen sich hier die heute etwa 25 frankophilen Aktiven immer mittwochs, samstags und sonntags auf dem von der Stadt zur Verfügung gestellten Spielfeld – auch schon mal mit Rotwein und Baguette. Aus etwas anderer Perspektive entstand der heutige Blick von der Brockhauser Straße über den Bouleplatz und die abzweigende Nettelbeckstraße hinweg zum ehemaligen Standort der alten Volksschule. Es hatte damals ganz bestimmt auch etwas sehr Positives, als noch jeder jeden in seiner kleinen Schule kannte.

Altenheim St.-Johannes-Stift

In ihrer Schwesterntracht gehörten die „Barmherzigen Schwestern des Hl. Vinzenz von Paul“ schnell zum vertrauten Straßenbild im alten Wiemelhausen. 1904 war an der Borgholzstraße der Grundstein für das Schwesternhaus der Vinzentinerinnen gelegt worden. 1907 fand die kirchliche Weihe des Hauses statt. Anfangs kümmerten sie sich um sogenannte weibliche Fürsorgezöglinge. Bald schon verlegten sich die Nonnen aber auf die Pflege der Alten und Kranken. Das Stift vergrößerte sich, kaufte Grund und baute Scheunen

und Ställe, um – wie damals üblich – Kühe und Schweine für die Selbstversorgung zu halten. 1925 konnte auch ein neues Gebäude eingeweiht werden. Mittlerweile war das Stift vor allem ein Altenheim, und gar das erste katholische in ganz Bochum. Außerdem gab es dort auch noch eine Pfarrbibliothek, die Vikarswohnung und den Kindergarten anbei, sodass die alten Leute nicht isoliert von der Gemeinde lebten. Im Laufe der Jahrzehnte stieg der Bedarf an Betreuungsplätzen, und so wurde das Heim mehrfach erweitert und natürlich auch modernisiert. Das führte schließlich dazu, dass der ursprüngliche Altbau (hier auf einem Foto von 1949) Mitte der 1990er-Jahre abgerissen und durch einen hellen freundlichen Neubau ersetzt wurde. Mit nunmehr 200 Plätzen ist das St.-Johannes-Stift das größte katholische Alten- und Pflegeheim im Bistum Essen, und bis vor kurzem waren hier noch vier Ordensschwestern tätig. Träger des Stiftes ist heute ein Verein, der mit einer Vielzahl von Veranstaltungen das Haus auch für Besucher geöffnet sehen möchte.

Beim TC Südpark

Sehr viel Enthusiasmus war im Jahr 1950 nötig, um auf dem Trümmergrundstück Nähe Südpark (heute Rechener Park) Tennisplätze anzulegen. So kurz nach dem Krieg packten die Frauen auch hier kräftig mit an, um beim Aufbau mitzuwirken. Damals hatten Tennisfreunde unter dem Dach der Volkshochschule die „Tennisgemeinschaft Volkshochschule“ gegründet. Auf dem Gelände zwischen Waldring und Königsallee sollte der Verein sein Zuhause bekommen. Als sich die Tennisgemeinschaft erst einmal eingerichtet hatte, ging es schnell aufwärts. 1955 erhielt der Verein einen Pachtvertrag von der Stadt und

löste sich von der Volkshochschule. Alles lief gut, bis der „TC Südpark“ 1974 umziehen musste, weil dort für das nahe Graf-Engelbert-Gymnasium eine Turnhalle erbaut werden sollte. Neue Heimat wurde der Wiemelhausener Süden. Kein Wunder also, dass heute nichts mehr an die Anfänge erinnert, denn seither ist der TC auf einem Areal an der Stiepeler Straße zu finden. Neun Plätze und ein Clubhaus entstanden, und schon bald fanden große Turniere statt. Ein echtes Unglücksjahr war 1976, als ein Brand das nagelneue Vereinsheim vernichtete. Kurzerhand wurde zeitweise ein ausrangierter Wagen der Wuppertaler Schwebebahn als Clubhaus genutzt. Doch längst ist wieder alles schön. Richtig lauschig präsentiert sich die am Hang gelegene Anlage im Grüngürtel zwischen Universitäts- und Stiepeler Straße. Der „TC Südpark“ hat heute rund 400 Mitglieder, und nicht ohne Stolz erwähnt der 1. Vorsitzende, Dr. Töpperwein, dass gleich drei ihrer Mannschaften in der Westfalenliga spielen.

Leben in der Hauerstraße

Nicht mehr wiederzuerkennen: die an der Grenze zu Stiepel gelegene Hauerstraße um 1950, noch unbefestigt und spärlich bebaut. Im Rücken des Fotografen war es nicht weit bis zur westlichen Markstraße, und in dieser Richtung standen damals schon einige Häuser, während nach Süden zur Sandfuhrstraße hin Felder den Blick prägten. Schräg gegenüber befand sich damals ein Bauernhof, auf dem die Kinder Milch holen gingen. Ursula Müller, das Mädchen links im Bild, und zwei Nachbarskinder mit deren Vater sieht man vor dem Haus Hauerstraße 13. Klein-Ursula wohnte in Haus Nr. 11 – hier leider nicht mehr abgebildet –, das ihre Eltern (der Vater arbeitete für die Zeche Prinz Regent als Fahrer eines Assessors) gebaut hatten. Zwar wurde die Familie im Krieg ausgebombt, aber nachdem Vater Müller aus der Kriegsgefangenschaft heimgekehrt war, gelang es ihm, 1949 alles wieder aufzubauen. Ursula Müller blieb dem Elternhaus treu, heiratete, wurde Frau Alefelder und wohnte dann dort mit ihrem Mann und den gemeinsamen Kindern. Inzwischen sind es drei Generationen, denn außer den Alefelders lebt auch deren Tochter samt Mann und zwei eigenen Töchtern im Haus. Das Foto von 2015 zeigt Mutter, Tochter und eine der Enkelinnen vor dem Eigenheim. Sie alle fühlen sich richtig wohl in der Straße, die vor Mai 1926 noch Südstraße hieß. Im Garten des Hauses Hauerstraße 11 ist es nach wie vor sehr idyllisch. Ja, hinter den Häusern gibt es noch die großen Gärten: früher zur Ernährung unerlässlich, heute mit Gartenhäuschen und pflegeleichter Wiese zur Entspannung.

„Grüne Schule“ am Klosterbusch

Zu Füßen des Kalwes ging 1918 im Lottental die Zeche Klosterbusch in Betrieb. Damals wurde die Kohle per Seilbahn bis hinüber nach Herbede zur Weiterverarbeitung transportiert. Das Foto von 1951 zeigt das Bergwerk vom Rand des Steinbruchs aus, den man auch zur Verfüllung der Hohlräume betrieb. Zehn Jahre später wurde Klosterbusch stillgelegt. Von 1962 an zog vorübergehend die entstehende Universität, u.a. die Bibliothek und die Verwaltung, in ungenutzte Gebäude ein. Vieles wurde aber damals schon abgerissen, auch der Förderturm und der Schornstein. Seit 1980 gibt es nun am Fuße des Steinbruchs die gemeinnützige „Grüne Schule“, die in Verbindung u.a. mit den Arbeitsagenturen Menschen zu einem Berufsabschluss „im grünen Bereich“ verhilft, mit viel Herzblut und Engagement Landschaftsgärtner ausbildet und aus dem Areal ein ökologisches Idyll machte. Natürlich wissen die Mitarbeiter der „Grünen Schule“, die eng mit dem Botanischen Garten kooperiert, von der Bedeutung der speziellen Pflanzen- und Tierwelt des alten Steinbruchs (u.a. Uhus, Ringelnattern und Geburtshelferkröten). Am größten geologischen Aufschluss Bochums – heute ein Naturdenkmal – liegen uralte Schichtungen und Kohleflöze frei. In einem der verbliebenen Stollen befindet sich übrigens eine seismische Messstation, denn Geologen und auch Biologen der Uni forschen rund um den Steinbruch. Wer das alles einmal selbst sehen möchte: Das Umweltamt der Stadt Bochum bietet regelmäßig geologische Führungen an – auf eigene Faust darf man dagegen nicht auf das Gelände.

Beim Schwimmverein Blau-Weiß

Schwimmen im Schatten des Gasometers – 1951 war das für die Mitglieder des „SV Blau-Weiß Bochum“ im frisch eingeweihten vereinseigenen Bad noch etwas ganz Besonderes. Der Wiemelhausener Verein hatte sich 1896 gegründet, denn zwei Jahre zuvor war an der Marienstraße eine städtische Badeanstalt eröffnet worden (die im Zweiten Weltkrieg zerstört wurde). Zu jener Zeit gab es noch Vorführungen in verschiedenen Disziplinen bei sogenannten Schauschwimmen, die große Begeisterung bei den zahlreichen

Zuschauern auslösten. Andererseits aber fühlte sich so mancher Moralapostel aufgerufen, wegen der angeblich spärlichen Bekleidung den sittlichen Verfall zu beanstanden – dabei reichten die Trikots noch vom Kinn herunter bis zum Knie! Nach dem Krieg wurde mangels Alternativen beschlossen, ein eigenes Schwimmbad zu bauen, und 1951 konnte die mit viel Eigenleistung errichtete Anlage u.a. mit einem „Fast-50-Meter-Becken" im hübschen kleinen Wiesental eröffnet werden. Ende der 1970er-Jahre wurde das große Becken „auf olympisches Maß" – also echte 50 x 25 Meter – neu angelegt. Sportliche Erfolge machten es möglich, als gemeinnütziger Verein Zuschüsse zu erhalten. Deshalb konnten sich die Schwimmer 2013 auch einen großen Wunsch erfüllen: Um das Großbecken ganzjährig nutzen zu können (denn das ist insbesondere für die in der 1. und 2. Bundesliga spielenden Wasserball-mannschaften wichtig), wurde eine Traglufthalle angeschafft. So ist jetzt von Mai bis Oktober Freibadvergnügen angesagt, bevor dann das Becken unter dem schützenden Dach verschwindet.

Ehemalige Verwaltungsstelle Stiepel

In der Haarstraße, Ecke Kemnader Straße steht das ehemalige Stiepeler Amtshaus, 1910 errichtet auf den Grundmauern der wenige Jahre zuvor abgebrannten Haar-Schule. Damals benötigte die Gemeinde eine neue, vor allem größere Verwaltungsstelle, denn die Bevölkerung hatte sich in den vergangenen knapp 30 Jahren beinahe verdoppelt, war auf rund 6.500 Einwohner angewachsen und das vorige Amt (heute Im Königsbusch 5) nun zu klein. Im Erdgeschoss des Neubaus befanden sich die Amtsräume, im Obergeschoss die Dienstwohnungen. Bis 1929, als Stiepel eingemeindet wurde, traf sich dort auch die

Gemeindevertretung. Danach wurde es bis in die 1970er-Jahre als Außenstelle u.a. des Standes- und des Jugendamtes der Stadt Bochum genutzt. 1993 übernahm die Freiwillige Feuerwehr, Löschzug Stiepel, das alte Amtshaus für ihre Dienst- und Schulungsräume. Praktisch, denn das Spritzenhaus stand sowieso schon seit Jahrzehnten gleich nebenan. Wie man sieht, gibt es heute keine Fahnenmasten mehr, und ein Teil der Bruchsteinmauer wurde durch Beton ersetzt. Verblieben ist das Ehrenmal für die Gefallenen des Ersten Weltkriegs, auch wenn es nun von Bäumen und Sträuchern fast verdeckt wird. Dagegen hat sich seit 1952, als das alte Foto entstand, in der Umgebung einiges verändert. Schon wegen des stetig gestiegenen Autoverkehrs, aber auch bedingt durch den Bau des nahen Zisterzienserklosters vor 25 Jahren. Im Rücken des Fotografen befand sich, nebenbei erwähnt, noch bis in die 1990er-Jahre im Eckhaus Kemnader Straße / Kosterstraße ein alteingesessener Eisenwarenladen.

Der letzte Fährmann

Früher einmal gab es an der Ruhr in Stiepel drei Fähren. Am Haus Kemnade (wo sie bis Ende der 1920er-Jahre die wichtige Verbindung zu dem Adelssitz und zu Hattingen darstellte), am Haus „An der Kost“ mit Fährbetrieb (bis auch wegen der Henrichshütte eine feste Brücke gebaut wurde) und dazwischen gelegen noch eine weitere kleine Fähre unterhalb der Dorfkirche, mit Blick hinüber nach Blankenstein mit der Burgruine. Verkehrstechnisch war die letztere weniger bedeutend, wurde aber immerhin an dieser Stelle von 1758 bis 1960 betrieben. An jener Fähre Westerberg, bzw. der späteren Fähre Diergardt,

konnte man mit einer Glocke den Fährmann von der anderen Uferseite heranrufen. Der letzte Fährmann Gustav Diergardt (hier in den 1950er-Jahren), der „Iserne Gustav“ genannt, starb im September 1983. Die frühere Gaststätte „Diergardt“, heute „Zur alten Fähre“, führt mittlerweile ein Enkel Diergardts. Das Ausflugslokal ist ganz besonders beliebt wegen der herrlichen Lage und ebensolchem Blick. Dort informiert sogar eine Tafel über die Geschichte der Ruhrfähre. So romantisch und aufregend eine Überfahrt per Fähre auch manchmal sein mag – wie neuerdings wieder mit dem kleinen Fährboot „Hardenstein“ bei Witten –, keiner wünscht sich wohl diese Zeiten zurück, denn im Winter und bei Hochwasser wurde der Fährbetrieb oft tagelang eingestellt, und ganzjährig erforderte er viel Geduld. Die kleine Straße An der Alten Fähre bekam erst 1929, mit der Eingemeindung Stiepels, ihren heutigen Namen, denn zuvor hieß sie noch Kanalstraße wegen der nahen Schleuse.

Volkshaus und Feuerwehr

Nachdem der Landkreis Bochum 1929 aufgelöst und Querenburg zur Stadt Bochum eingemeindet worden war, wurde noch im selben Jahr an der Overbergstraße das „Volkshaus“ errichtet. Das Foto von 1952 zeigt jene Nebenstelle des Rathauses, entworfen von Bochumer Architekten in Anlehnung an den Bauhaus-Stil. Der Anbau mit dem Bruchsteinsockel beherbergte das neue Gerätehaus für die Freiwillige Feuerwehr, die sich 1894 im Ort gegründet hatte. Querenburg war von Altenbochum aus verwaltet worden, bis man sich 1920 entschlossen hatte, eine eigene kleine Stelle an der Buscheystraße einzurichten, während sich die Gemeindevertretung in der Schule an der Eulenbaumstraße versammelte. Gut, dass

neun Jahre später ein richtiges Amtshaus errichtet wurde, denn man benötigte dringend mehr Platz. Die Verwaltungsstelle hatte neben einem großen Saal auch eine Fürsorgestation, eine Leihbücherei und im Keller eine öffentliche Bade- und Brauseanstalt. Nach dem Krieg kam ein Trauzimmer hinzu. Mitte der 1970er-Jahre wurde das „Volkshaus" im Zuge des Baus der Universitätsstraße abgerissen, auch weil es zu klein geworden war. Das Gerätehaus hingegen baute man zur modernen Fahrzeughalle um, denn die Feuerwehr ist hier geblieben und bekam 1986 linker Hand ein Häuschen mit Schulungsräumen. 2008 baute man aus eigenen Mitteln u.a. eine weitere Fahrzeughalle und Sozialräume an für die heute rund 30 Aktiven und den etwa 25-köpfigen Nachwuchs. Die Bezirksverwaltungsstelle Süd zog um ins Uni-Center und ist seither für die Bürger im Bochumer Süden zuständig.

Eine neue Trauerhalle

Am heutigen Kommunalfriedhof an der Stiepeler Straße, der 1911 in Betrieb genommen worden war, konnte Anfang 1954 eine Trauerhalle eingeweiht werden. Zuvor gab es am damaligen Haupteingang (er lag ein Stück weiter in Richtung Lottental) nur eine kleine Kapelle. Querenburg hat auch den evangelischen Friedhof an der Schattbachstraße, wo im Türmchen neben der dortigen Kapelle die Glocke der 1957 geweihten Apostelkirche (ehemals Auf dem Aspei, Ecke Buscheystraße, 1971 abgerissen) eine neue Heimat fand. Die Stadt hatte einst erwogen, die Friedhöfe zu zentralisieren, ließ den Gedanken dann aber wieder

fallen. Deshalb ging man auch eine Ausweitung des seinerzeit nur einen Hektar großen Friedhofs an der Stiepeler Straße an, der heute fast elf Hektar misst. Rechts der Trauerhalle entstand dann der neue Haupteingang. Das kurz vor der Einweihung entstandene Foto lässt dort noch Obstbäume erkennen. Gepflasterte Wege und großgewachsene Büsche und Bäume verschönern heute den Vorplatz der Trauerhalle, wo Ende 1953 noch völlige Ödnis herrschte. Dem Friedhof hat auch die nahe Oesterendestraße ihre Existenz zu verdanken. August Bahrenberg – in den 1920er-Jahren Gemeindevorsteher – sorgte für den Bau dieses Verbindungswegs durch die Felder, denn bis dahin mussten Trauerzüge und Friedhofsbesucher den Umweg über die Markstraße nehmen. Auch interessant: Schräg gegenüber vom Haupteingang steht noch ein Teil eines alten Hofes, der zwischen den Studentenwohnanlagen und der gerade entstehenden neuen Gesundheitshochschule wie aus der Zeit gefallen scheint.

Waldschule Querenburg

Am 11. April 1954, einem Sonntag, wurde die „Waldschule“ festlich eröffnet. An diesem „Tag der offenen Tür“ konnte jeder die neue städtische Schule in Augenschein nehmen. Die Erwartungen wurden noch übertroffen. Modern sollte die Schule sein, mit hellen Räumen. Dass es u.a. sogar ein Lehrschwimmbecken, eine Schulküche und Werk- und Handarbeitsräume gab, erstaunte dann doch. Wie ansprechend allein der Schulhof gestaltet war, zeigt auch das Foto aus jenem Jahr. Architekten, Bauleitung und Lehrpersonal hatten lange

um die beste Lösung gerungen, denn das Gebäude sollte für einen reformierten Schulunterricht optimale Voraussetzungen bieten. Die Christliche Gemeinschaftsschule, wie die Volksschule damals hieß (und die damit keine konfessionsgebundene evangelische oder katholische Einrichtung mehr war), stach an Attraktivität locker die Schulen der Umgebung aus. 1959 bekam sie eine Turnhalle und in den 1960er-Jahren wurden zur Erweiterung einige Pavillons rechts der Einfahrt errichtet. Den Namen „Waldschule" verdankt die spätere Hauptschule und anschließende Grundschule am Hustadtring natürlich ihrer Nähe zum Laerholz. Heute steht sie unter Denkmalschutz und beherbergt elf Klassen für insgesamt 300 Schüler mit rund 35 Nationalitäten. Die Stirnseite schmückte bis vor wenigen Jahren ein reliefartiges Wandbild des Künstlers Geitel mit Sonnenuhr. Das allerdings fiel der energetischen Sanierung zum Opfer. Es sollte eigentlich an anderer Stelle rekonstruiert werden, lässt aber bis heute auf sich warten.

Am Forellenhof Wilkendorf

Wie schön sieht das denn aus! Unglaublich, wie idyllisch die Anlage rund um die ehemalige Mühle heute daherkommt. Man mag nicht glauben, im Ruhrpott zu sein. An der Blankensteiner Straße liegt zu Füßen des Henkenbergs das Anwesen, das Angelfreunde seit über 40 Jahren als Forellenhof kennen. Paradiesisch erscheinen die großen Teiche, die nicht nur mit Forellen besetzt sind. Schon 1780 hatte dort Johann Friedrich Kamplade, genannt Knösel, eine Mühle am Knöselbach erbaut. Die in eine schwere Sandsteinplatte gemeißelten Zeilen von anno dazumal hängen auch heute noch über dem Haupteingang an der Giebelseite. Schon zu Knösel'schen Zeiten tummelten sich Edelfische im Mühlenteich. Mühlenhochsaison war natürlich nach der Ernte, wenn die umliegenden Kötter ihr Korn brachten und das über drei Meter hohe Wasserrad rauschte. Vor rund 180 Jahren kam die Mühle in den Besitz der Familie Hofstiepel, wurde über Generationen von ihr betrieben und so auch als Hofstiepels Mühle bekannt. Irgendwann lohnte sich der Betrieb nicht mehr. Auf dem älteren Foto sieht man, wie es dort in den 1950er-Jahren aussah. Ein Teich lag damals noch viel näher am Haus. Vor wenigen Jahren erst wurde alles liebevoll saniert. Sogleich wiederzuerkennen ist aber das alte Fachwerk am jetzigen Seiteneingang. Die Anlage wird heute nicht mehr von einem Pächter, sondern von der Eigentümerfamilie Wilkendorf selbst betrieben. Als Nicht-Angler kann man den Fisch dort auch kaufen – frisch, geräuchert oder zubereitet zum sofortigen Genuss.

Haus Vocke

Schön, dass es das traditionsreiche „Haus Vocke“ noch immer gibt. Dort steht mit Erika Laux, geb. Vocke, sogar die älteste Wirtin von ganz Bochum hinter dem Tresen. Ein echter Familienbetrieb ist die Gaststätte an der Wiemelhauser Straße, Ecke Wasserstraße, und Tochter Cornelia Laux merkt man den Stolz auf ihre Mutter Erika richtig an. Es war Cornelias Uropa, der 1926 das Haus gekauft hatte. Im Krieg wurde die Familie ausgebombt, und nur der Saal im rechten Gebäudeteil blieb unversehrt. Schlimmer aber war, dass der

Großvater im Krieg ums Leben kam. Die Eltern von Cornelia Laux bauten 1957 bis 1959 die Gaststätte wieder auf. Damals entstand wohl auch das Foto, das zugleich als erste Postkartenansicht des Hauses diente. Mutter Erika sorgte fortan für ihre Gäste, die seit 1979 auch dort übernachten können. In den ehemaligen Saal, der u.a. ganz früher als Kino genutzt wurde, zog 1985 eine Weinhandlung ein. Vor dem Bau der Universitätsstraße galt neben der Königsallee die Wiemelhauser Straße als ein Hauptverbindungsweg zwischen der Innenstadt und den südlichen Stadtteilen. Danach allerdings fühlte man sich dort fast ein wenig „ab vom Schuss", ja, der nördliche Teil (ab der Gaststätte) wurde gar Sackgasse. Der metallverarbeitende Betrieb in der Nähe schloss und auch das Gelände schräg gegenüber lag lange brach. Mit dem „Trimonte"-Bürokomplex und einem kleinen Park sind in den letzten Jahren positive Zeichen gesetzt worden, und Cornelia Laux ist fest entschlossen, das Hotel-Restaurant „Haus Vocke" noch lange weiterzuführen.

Kanu Club Wiking

Im Oktober 1951 gründete sich der Kanu Club Wiking. Seinerzeit konnten die Vereinsmitglieder die Scheune des Bauern Voskuhl (an der Straße Im Sonderfeld) übernehmen und mit viel Elan und Eigenleistung zum Bootshaus mit Clubraum umbauen. Um zum nahen Anleger zu gelangen, passierte man das Gasthaus der Familie Diergardt. Damals, Ende der 1950er-Jahre, war die lustige Truppe aktiver Kanuten, die das Großboot schleppt, gerade auf dem Weg zur Ruhr. Urig-ursprünglich sah die Gaststätte im Hintergrund noch aus mit ihrer alten Schieferverkleidung im bergischen Stil. Das Gebäude rechts im Bild steht heute nicht mehr, aber die „Wikinger" bringen immer noch ihren Achter zu Wasser – vorbei am moder-

nisierten Gasthaus, das nach wie vor der Familie Diergardt gehört, nun „Zur alten Fähre“ heißt und wie eh und je im Sommer beliebtes Ziel für Ausflügler ist. Die Rennmannschaft allerdings trainiert mittlerweile, seit er eingeweiht wurde, am Kemnader See und hat ihren Stützpunkt im Bootshaus Gibraltar. Richtig viele Erfolge, Meistertitel bis hin zum Weltmeister, konnte man in den letzten 30 Jahren feiern, was den Club über die Landesgrenzen hinaus bekannt gemacht hat. Wussten Sie eigentlich, dass dort schon mehrmals die Nationalteams u.a. von Argentinien und Kuba zu Gast waren? Und stolz ist man vor allem auch auf die Jugendarbeit mit vielfältigem Trainingsprogramm und reichlich Geselligkeit im neuen Clubraum, der 2006 zusammen mit der neuen Bootshalle fertig wurde. Ein Verein für alle, ob ehrgeizig mit der Stoppuhr oder gemütlich unterwegs.

Rettung des Malakowturms

Damals, als die Bäume entlang der Straße Am Bliestollen (= Bleistollen) noch recht klein waren, konnte man vom oberen Ende des Rauterdeller Siepens bis hinunter zum Malakowturm schauen. Das Tal auf der Grenze von Stiepel und Weitmar mit einer schön gelegenen Gaststätte – vormals das Ausflugslokal „Westerberg“, heute das „Waldhaus“ – war auch als Friedrichstal bekannt, wohl weil die Straße vor 1929 Friedrichstraße hieß. Eine bis ins späte 17. Jahrhundert zurückreichende Bergbautradition hat die Rauterdelle. Zeuge der nachfolgenden Epoche ist der stattliche Förderturm aus Ruhrsandstein, errichtet von der 1873 gegründeten Zeche Brockhauser Tiefbau. Die Kohle wurde damals über eine Kohlenbahnstraße hinunter ins Tal und von dort zum Hauptabnehmer, der Henrichshütte, befördert. Schon bald wurde das Bergwerk an die Zeche Carl Friedrichs Erbstollen verkauft, der Schacht später als Wetterschacht genutzt und 1912 stillgelegt. Danach begann der Turm zu verfallen, doch mittlerweile kümmern sich der Stiepeler Heimatverein und der Knappenverein Schlägel & Eisen Stiepel/Dorf um den Erhalt. Sie sammelten auch die Spenden für ein neues Dach, dessen Fertigstellung im Mai 2015 im Beisein der Oberbürgermeisterin angemessen gefeiert wurde. Natürlich schmetterten die Knappen zu diesem freudigen Anlass das Steigerlied. Seither schützt das Glasdach nicht nur den geschichtsträchtigen Turm, sondern lässt auch das Tageslicht ungehindert einfallen. Eine neue Info-Tafel erläutert die Historie.

Wein vom Lennershof

Dass es im Bochumer Süden klimatisch nicht für den Weinanbau reicht, macht nichts, denn im wunderschönen Ambiente des historischen Lennershofs findet man nun schon seit 1982 die Weinhandlung „Bodegas Rioja“ in einem Teil der Scheunen. Andreas Krämer, ein leidenschaftlicher Weinliebhaber, ist an diesem einnehmenden Ort mit seinem Geschäft über die Jahre zur Institution geworden. Und das nicht nur mit spanischen Weinen. Den großen, vierflügeligen Wirtschaftshof, der auch Platz für modernes landwirtschaftliches Gerät bot, hatte sich samt feudalem Gutshaus der Landwirt Schulte-Overbeck in der industri-

ellen Blütezeit 1891/92 errichten lassen. Idyllisch und nur dünn besiedelt war die Umgebung, denn die erste richtige Siedlung, nach dem Lennershof benannt, entstand erst in den 1920er-Jahren – bis es losging mit dem Bauboom in Bochum. Quasi nebenan, „auf grüner Wiese", erwuchs ab Anfang der 1960er-Jahre in Beton-Ästhetik die gewaltige Ruhr-Uni. Was für ein Kontrast! Der Lennershof hatte dafür einen Großteil seines Grund und Bodens verkauft. Etwas später folgten die nahe Hustadt, in direkter Nachbarschaft die Fachhochschule (die heutige Hochschule Bochum) und vor kurzem erst das moderne Technologie-Quartier. Dagegen ist der unter Denkmalschutz stehende Lennershof an sich fast unverändert. Vermissen wird man aber z.B. das Spitzdach auf dem Taubenturm, wie es die alten Bilder noch zeigen. Und man bekommt dort nun statt Weizen oder Kartoffeln köstliche Weine zu probieren und zu kaufen.

Blick ins Ruhrtal

Der höchste Punkt Bochums liegt mit 196 Metern im Süden der Stadt an der Kemnader Straße in Stiepel. Und von sehr weit oben fing auch der Fotograf 1956 diesen unwiederbringlichen Blick über das malerische Ruhrtal ein. Damals hatte er freie Sicht über Felder und Wiesen hinüber zur fast unverdeckt stehenden Stiepeler Dorfkirche und hinaus zur Burg Blankenstein, die in beinahe direkter Linie dahinter ein Stückchen aus dem bewal-

deten Kamm herausragt – dazwischen der Fluss. Zu erkennen sind verstreut liegende alte Höfe und, im leichten Dunst kaum auszumachen, die Häuser von Blankenstein. Ganz klar, die Landwirtschaft spielte damals eine weit größere Rolle als heute, und jeder Heimatfilm hätte hier seine wunderschöne Kulisse gefunden. Schaut man genau hin, erkennt man, dass wohl bald Heuernte war. Zwischen Gräfin-Imma-Straße und Kemnader Straße finden sich noch immer viele tolle Aussichtspunkte, etwa von der Straße Am Hang. Nur wenig tiefer gelegen, trug sie bis 1929 zu Recht den Namen Bergstraße und eröffnet einen ebenso herrlichen Blick, wie das aktuelle Foto beweist. Wer denkt dabei an Ruhrpott? Der Bochumer Süden lädt hier wie in einem Urlaubsprospekt zum Wandern und Genießen ein. Nach wie vor bestellen die verbliebenen Bauern ihre Felder, doch ihre Zahl ist deutlich geringer geworden. Im Vergleich zu den 1950er-Jahren fällt deshalb auch sogleich auf, dass es inzwischen sehr viel mehr Wald gibt. Und so kann man nun inmitten des Grüns gerade noch das hohe spitze Kirchturmdach der Stiepeler Dorfkirche entdecken.

Lampenfieber inklusive

Nicht nur Kohle, sondern auch Kultur spielte in Bochum früh eine große Rolle. Bereits im März 1917 gründete sich im Süden der Stadt die „Dramatische Gesellschaft Hindenburg", wie die heutige „Volksbühne Bochum" seinerzeit noch hieß. Eine Bühne für leidenschaftliche Schauspieler, die das Theater im Blut haben und allesamt ehrenamtlich tätig sind, um uns Zuschauern einen schönen Abend zu bereiten. 1932, man nannte sich damals „Theater-Verein ‚Kornblume' Bochum 7", kostete der Eintritt gerade einmal 50 bzw. 60 Pfen-

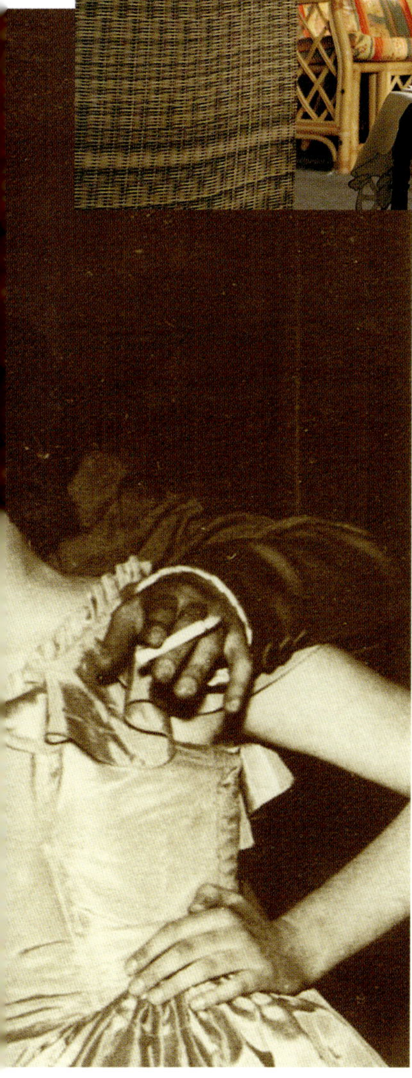

nig. Es gab noch keinen festen Standort, sondern man suchte sich eine Gaststätte mit Saal – wie etwa das „Vereinsheim J. Kühlert“ an der Markstraße 350 mit dem „Viktoria-Saal“. Sicherlich aber waren die Schauspieler damals wie heute – ob 1957 (man gab seinerzeit eine Operette!) oder das Ensemble vom Oktober 2014 – mit viel Freude dabei. Schon seit 1946 finden nun die jährlich drei Aufführungen im Saalbau von „Haus Spitz“ in der Kemnader Straße 138 statt: im Frühjahr und Herbst eine Komödie, während im Dezember ein Märchen gespielt wurde. Wie hat man sich früher als Kind darauf gefreut, waren doch die Vorstellungen in Stiepel noch etwas ganz Besonderes in Bochum! Ab der Spielsaison 2015 werden die Stücke für die Kleinen übrigens schon im Sommer aufgeführt. Schade, wenn die traditionsreiche „Volksbühne“ ihre rund 170 Plätze einmal nicht mehr füllen könnte. Also, Leute, hingehen! Denn der Eintritt (im Moment ca. 8 Euro bzw. 4 Euro für Kinder) ist wirklich erschwinglich. Oder mitmachen: Probe ist montags und donnerstags.

Zeche Gibraltar

Als Flüchtlingsheim und Notunterkunft – zuletzt für noch 150 Menschen – wurde das Gebäude der alten Zeche Gibraltar 1957 genutzt, als dieses Foto entstand. Wie muss man sich damals in den trostlos erscheinenden Gemäuern so weit ab vom Schuss wohl gefühlt haben? Sicherlich recht einsam, abgesehen von der Erleichterung, überhaupt irgendwo untergekommen zu sein. Selbstverständlich machte man in den 1950er-Jahren schon mal einen Sonntagsausflug an die Ruhr – zur nahen Gastwirtschaft „Haus Oveney"

womöglich. Doch gab es noch keine Uni und keinen Kemnader See, und so war sicher wenig los da unten an jenen traurigen Relikten des Ruhrbergbaus. Schon 1786 hatte das Königliche Oberbergamt Dortmund die Genehmigung für den Kohleabbau an diesem Ort erteilt. Die Zeche Vereinigte Gibraltar Erbstollen, die mit Unterbrechung bis 1925 in Betrieb war, ging erst 1865 aus den älteren Zechen Hagensieperbank und Gibraltar Erbstollen hervor. In der Zeit des Nationalsozialismus war dort vorübergehend ein Internierungslager. Ganz anders sieht es heute dort aus. Im seit 1984 schön sanierten Hauptgebäude aus Ruhrsandstein, das am Freizeitschwerpunkt Oveney liegt, sind u.a. eine Gastronomie und ein Verleih für Fahrräder und Inlineskates eingezogen. Doch nach wie vor erinnern u.a. das Stollenmundloch, die alte Grubenlok und eine Gedenktafel an die Ursprünge. Von Einsamkeit kann dank Kemnader See längst keine Rede mehr sein. Gibraltar steht nun unter Denkmalschutz und gehört seit März 2014 auch zur Route der Industriekultur, Themenroute Bochum.

Stimmungsvolle Stiepeler Dorfkirche

Sie ist schon etwas Besonderes, ein Kulturdenkmal des Ruhrgebiets, etwas, worauf man in ganz Bochum, vor allem auch im Süden der Stadt stolz sein kann. Ja, mit ihr darf man ruhig protzen, mit der Stiepeler Dorfkirche. Sogar ihre eigene Briefmarke bekam das so romantisch gelegene Kirchlein, denn die Deutsche Bundespost gab am 7. Februar 2008 eine Sonderbriefmarke heraus, um das Jubiläum „1000 Jahre Dorfkirche in Bochum-Stiepel" zu würdigen. Also, uralt ist sie, wenn auch ihr heutiges Erscheinungsbild überwiegend den Umbauten zur Hallenkirche entspringt, die im 12. und 13. Jahrhundert vorgenommen wurden. Damals verwendete man für das Mauerwerk fast ausschließlich den hier typischen Ruhrsandstein. Baugeschichte und einzelne Entstehungsphasen der Kirche sind durch Grabungen in den Jahren 1952, 1965 und 2001 weitestgehend geklärt worden. Dabei konnten 1952 die ungewöhnlich umfangreichen Fresken aus der Zeit vom 12. bis zum 16. Jahrhundert wiederentdeckt werden. Diese hatte man Ende des 17. Jahrhunderts für unpassend erklärt und überstrichen, ohne den bestimmt auch damals schon historischen Wert zu bedenken. Das Schwarzweiß-Foto entstand 1958 während der Feierlichkeiten zum 950-jährigen Bestehen. Bei einem Zeitsprung ins Jahr 2015 entdeckt man sicher keine gewaltigen, aber doch kleine Veränderungen, denn u.a. wurde das Fachwerk an der Giebelseite wieder wunderschön hervorgehoben, und auch das Mäuerchen hat man von der Ziegelsteinabdeckung befreit. Mehr denn je ist die Dorfkirche idealer Ort für die Traumhochzeit in Weiß.

Vergessener Wiemelhaus Hof

Vom Bauerngut zum Hochhausklotz – was für ein Zeitsprung! Rückblick: Einer der beiden uralten Hellwege, die sich einst in der Kleinstadt Bochum kreuzten, führte auch durch die Bauernschaft „Wimelhusen". Die ungepflasterte Straße verließ die Stadt durch das Hellwegtor und stieg durch anmutiges Wald- und Felderland langsam an. In der direkten Umgebung jenes „Wimelhuser Hellwegs" (heute untere Universitätsstraße, Wiemelhauser Straße) wohnten 1486 nach alten Steuerlisten gerade einmal rund 75 Bürger in den Fachwerkhäusern, u. a. der Bauern Thelmann, Coster, Wymelhusen und Oistermann. Wellen gleich stieg der Hellweg weiter an, kam dabei auch am alten Rittersitz Haus Brenschede

vorbei (dieses lag am Beginn des Lottentals) und lief im weiten Bogen dem Tal der Ruhr zu. Damals gab es bereits den Wiemelhaus Hof, gelegen auf einer Anhöhe zwischen der heutigen mehrspurigen Königsallee und der Wiemelhauser Straße. Das Foto zeigt den Fachwerkhof wohl in den 1950er- oder 1960er-Jahren, als er schon Jahrhunderte überdauert hatte. Trotzdem wurde an seiner Stelle 1974/75, als man Altes kaum wertschätzte, für den Bochumer Mineralölgroßhändler Dr. Herbert Schnapka das sogenannte Bomin-Haus errichtet. Auch wegen seines erhöhten Standorts war und ist das vielgeschossige Gebäude noch immer eine Art Landmarke im südlichen Bochum. Die Bundesknappschaft (heute Knappschaft Bahn/See) übernahm es vor vielen Jahren und bebaute später auch die umliegenden Wiesen. 2015 wird wohl die Sanierung der markanten gläsernen Hochhausfassade abgeschlossen sein.

Malakowturm Julius Philipp

Er ist einer von vier verbliebenen Fördertürmen dieser Bauweise auf Bochumer Grund und gilt als besonders schöner seiner Art. 1875 wurde der Malakowturm aus rotem Backstein für die Zeche Julius Philipp im Wiemelhausener Süden erbaut. Heute ist er das letzte Relikt der Schachtanlage, die nach Julius Philipp Heintzmann (1745–1794) benannt wurde. Dieser war ein Berater und Freund des preußischen Politikers Freiherr vom Stein, der u.a. eine Zeitlang Bergamtsdirektor in Wetter war. Heintzmann selbst entstammte einer alten Bergmannsfamilie und brachte es bis zum Bergrat und Miteigentümer mehrerer

Gruben. Auf der Brenscheder Heide, also damals auf der grünen Wiese, hatte die Zeche im zu jener Zeit stark angewachsenen Wiemelhausen einen ersten Tiefbauschacht erhalten, doch wurde das Grubenfeld 1905 von der Zeche Prinz Regent übernommen und Julius Philipp samt Kokerei und Brikettfabrik aufgegeben. Der Malakowturm allerdings blieb noch lange in Nutzung, während die übrigen Tagesanlagen schon Ende der 1920er-Jahre abgerissen wurden. Das Foto aus den 1950er- oder 1960er-Jahren zeigt den Förderturm und das damals noch vorhandene Maschinenhaus an der Markstraße 258a. Später errichtete man in direkter Nachbarschaft eine Wohnanlage. Nachdem 1989 ein Um- und Ausbau des Turms abgeschlossen war, konnte dort die wohl größte medizinhistorische Sammlung Deutschlands, die des Instituts für Medizin-Geschichte der Ruhr-Uni, einziehen. 2012 wurde die Fassade, an deren Nordseite heute wieder der Name Julius Philipp prangt, erneut schön herausgeputzt.

Museum mit eigenem Honig

Für Romantiker aus der Großstadt gibt es kaum etwas Schöneres als einen so alten Bauernhof. Es ist der historische Hof Schulte zur Oven mit seinem 1800 erbauten Vierständerfachwerkhaus, für die Nachwelt festgehalten im Jahr 1960. Umgeben von Wiesen, alten Weiden und einer 200-jährigen Eiche, hatte man das Gebäude auf einem etwa 700 Jahre alten Tonnengewölbe errichtet. Fährt man heute den unteren Abschnitt der Kemnader Straße entlang, stehen dort Wohnhäuser, und von der ehemaligen Meierei des Dorfes Stiepel ist nichts mehr zu sehen. Doch der Hof ist nur umgezogen, denn er wurde 1972 zerlegt und

am Haus Kemnade neu aufgebaut. Als Bauernhaus-Museum präsentiert er seither bäuerliches Gerät wie auch Möbel und beeindruckt prächtig restauriert von außen wie von innen. Ein Raum widmet sich der Imkerei – nicht nur im historischen Rückblick, sondern auch ganz praktisch, denn man kann in einen Bienenstock hineinschauen und die an- und abfliegenden Tierchen beobachten. Wussten Sie, dass die Honigbiene nach Rind und Schwein das drittwichtigste landwirtschaftliche Nutztier ist, wie der Deutsche Imkerbund erklärt? Ein großer Teil der heimischen Pflanzenwelt ist auf die Bestäubung durch die Honigbiene angewiesen und sogar rund 85 Prozent der Erträge hängen davon ab. Stimmen die Verhältnisse, machen die Sammlerinnen bis zu 30 Ausflüge am Tag. Und wollte so eine fleißige Biene ganz allein einen Liter Nektar zusammenbringen, müsste sie rund 40.000 Mal ausfliegen. Wir dagegen dürfen uns später über ein Pfund köstlichen Honig freuen.

Bochumer Sternengucker

Im Juli 1969 gab es die lang erwartete Sensation: Amerikanische Astronauten betraten als erste Menschen den Mond. Und die Live-Übertragungen für Fernsehen und Rundfunk kamen aus der Bochumer Sternwarte! Dass die Apollomissionen mit „unserem“ Professor Kaminski und seiner Sternwarte in Verbindung standen, ließ uns die unscharfen Bilder mit Stolz betrachten. Der Sternwarte verhalfen sie zu Weltruhm. In Eigeninitiative von Heinz Kaminski (gest. 2002) quasi im heimischen Garten gegründet, wurde dort 1957 mit dem funktechnischen Empfang der Signale des ersten künstlichen Erdsatelliten „Sputnik“ begonnen. Fortan beobachtete man bei uns den Wettstreit der Russen und Amerikaner im Weltall hautnah mit ständig verbesserter Technik. Im Juli 1962 (wie das Foto zeigt) erhielt die Sternwarte eine neue Großantenne, in der Fachsprache Wendelantenne genannt, und 1967 nahm man das damals größte Radio-Teleskop auf europäischem Festland offiziell in Betrieb: eine 20-Meter-Parabolantenne, zum Schutz gegen die Witterung von einer Traglufthalle, dem Radom, überdacht. Längst ein vertrautes Wahrzeichen, beherbergt es heute auch die Dauerausstellung zur Geschichte der Raumfahrt. Als Thilo Elsner 1999 Nachfolger von Heinz Kaminski wurde, sorgte er für den Erhalt des Radoms. Die durch Druckluft getragene Kuppel war nämlich eingefallen, nachdem in der Polyesterhaut ein größeres Loch entstanden war. Vom „Sputnik-Keller“ zum Institut für Umwelt- und Zukunftsforschung (IUZ) – eine echte Erfolgsgeschichte. Inzwischen ist man hier funktechnisch auch Marsmissionen gewachsen.

Overbergstraße, Ecke Eulenbaumstraße

Dörflich sah es im Frühjahr 1962 in diesem Winkel Unter-Querenburgs noch aus. Das alte Fachwerkhäuschen etwas unterhalb der Overbergstraße wurde lange von einer Familie Holle bewohnt. Gleich links daneben (nicht im Bild) befand sich die Gaststätte Epseloh, beliebt bei den Querenburgern und Stammlokal etlicher alteingesessener Vereine. Aus der Eulenbaumstraße heraus konnte man weit hinüber zum Kalwes schauen. Wäre

aktuell nicht sowieso alles zugewachsen, blickte man über die tieferliegende Universitätsstraße hinweg ziemlich genau auf die Hochschule Bochum (vormals Fachhochschule). Die Overbergstraße, nach dem alten Hof Schulte Overberg und seinem angesehenen Landwirt benannt, hieß bis 1929 noch Karlstraße. Overberg meint „über den Berg", lag doch der Hof „hinter dem Berg" (Kalwes) im Tal des Oelbachs, und bis zum Bach führte auch die Straße. Mit der Eingemeindung wurde zugleich die frühere Schulstraße in Eulenbaumstraße umgetauft. Dort war nach 1850 – fast genau am Fotografenstandort – die erste Schule des Ortsteils errichtet worden. Der untere (südliche) Teil der Straße galt im Winter als berüchtigte „Todesbahn". Reichten Geschwindigkeit des Schlittens und Geschick des Fahrers, konnte man bis zum Kriegerehrenmal hinabsausen, sofern man die Kurve (auf dem Foto) links hinunter in die Overbergstraße schaffte. Ruhig ist es hier immer noch, auch wenn anstelle des urigen Fachwerkhauses auf der rechten Ecke schon lange ein neues Haus steht, in dem Gästeappartements zu vermieten sind.

Traditionsreich: Möbel Rumberg

Der Name Rumberg ist den Stiepelern seit jeher vertraut. Schon um 1925 zog der Familienbetrieb an die Kemnader Straße. Dabei ist er sehr viel älter, hatte sich doch der Schreinermeister Georg Rumberg bereits 1841 mit einer eigenen Werkstatt selbstständig gemacht – damals noch direkt an der Ruhr, unweit der Dorfkirche. Und so zählen die Rumbergs heute zu den ältesten Familienunternehmen in ganz Bochum. Am neuen Firmensitz begann man mit der Herstellung und dem Verkauf von Möbeln. Wie man auf dem Foto aus den 1960er-Jahren sehr schön sehen kann, gab es damals noch Strommasten

entlang der Straße, und die Surkenstraße mündete – wer erinnert sich heute noch daran? – direkt neben dem Möbelhaus in die Kemnader Straße ein. Links der Einmündung, hier nicht mehr zu sehen, erwarb die Firma Rumberg später ein zweites Haus, das in den 1970er-Jahren, als die Surkenstraße etwas nach Westen verlegt worden war, mit dem anfänglichen Möbelgeschäft durch einen modernen Flachdachtrakt verbunden werden konnte. Eine Ausstellungsfläche von rund 2.500 Quadratmetern kann seither genutzt werden. Der damalige Inhaber, Gustav Rumberg, übergab seinen Kindern Lore Gebauer, geb. Rumberg, und Gerhard Rumberg in vierter Generation die Leitung, und sie wird wohl auch in Zukunft in Händen der Familie bleiben. Denn inzwischen führen zwei seiner Enkel gemeinsam das Unternehmen „rumberg – die möbelcollection". Mit Frederic Gebauer (rechts) und seinem Cousin Georg Rumberg (links) ist also schon die fünfte Generation am Start.

Vom Klosterbusch zum Campus

Bildung statt Kohle, Bücher gleich Wissen. Als die Zechen starben, sollte mit der Uni Bochum das Ruhrgebiet endlich wieder eine Universität erhalten. Die Planungen liefen auf Hochtouren, als 1962 sozusagen als Vorhut die Uni-Bibliothek in die Räumlichkeiten der stillgelegten Zeche Klosterbusch einzog. „Aufbaustelle für die Büchersammlungen der Universitätsbibliothek und der Institute der Ruhr-Universität Bochum“ lautete die offizi-

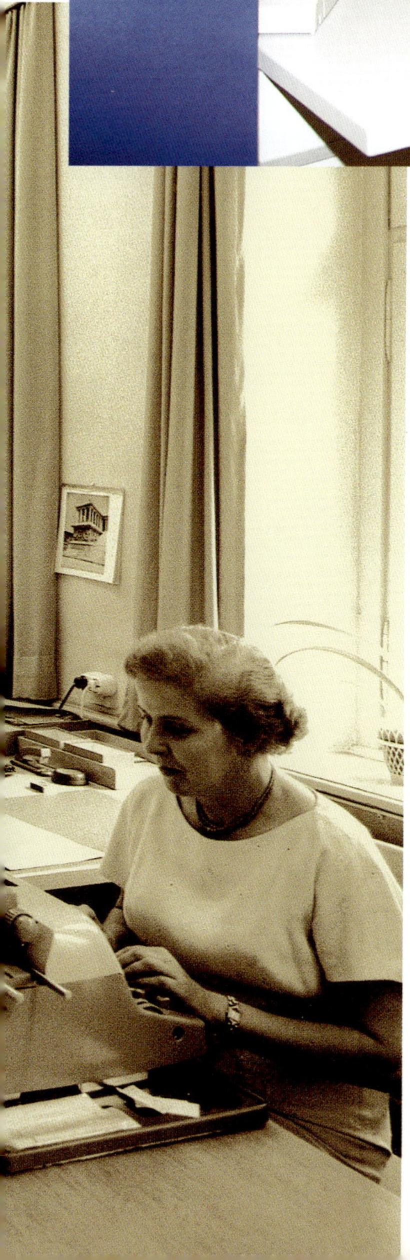

elle Bezeichnung. Und ihre Aufgabe war es, auf dem internationalen Antiquariatsmarkt Bücher „en masse" zu erstehen. Hier sieht man einige der Mitarbeiterinnen 1964 in den Büroräumen auf Klosterbusch, natürlich noch mit Schreibmaschine und Karteikarten zur Erfassung ausgerüstet. Für die Bücher war die ehemalige Waschkaue umgebaut worden. 1965 wurde die Universität mit den beiden ersten Gebäuden IA und IB feierlich eröffnet. Die Aufbaustelle im Lottental war nun Universitätsbibliothek, und erste Abteilungen verließen Klosterbusch. Doch der Neubau für die Büchersammlung auf dem Campus ließ noch fast zehn Jahre auf sich warten, und erst im August 1974 waren die Bauarbeiten am zentralen Teil der Uni abgeschlossen. Heute ist die riesige Uni-Bibliothek beinahe täglich zum Lernen und Arbeiten zwischen 8 und 24 Uhr und sogar einige Stunden an Samstagen und Sonntagen geöffnet. Lange Reihen von Karteikästen waren einmal, denn heute genügt der freundlichen Mitarbeiterin längst ein kurzer Blick in den Computer, um ganz genau zu wissen, wo jedes einzelne Buch im Moment zu finden ist.

Alte Schule Buscheystraße

Eine Momentaufnahme von 1964 entlang der Buscheystraße mit der alten Schule Richtung Osten. Vielleicht waren die Kinder auf dem Weg zum Kiosk Lagershausen, den es damals noch an jener Straße gab, oder sie kamen möglicherweise vom Einkauf beim Milchhändler Wacker zurück, der sein Geschäft in einem der Häuser im Hintergrund hatte. Wichtiger allerdings ist, was man nicht sieht, denn am rechten Rand des Bildes ist

gerade noch ein Bauzaun auszumachen. Dahinter lag die riesige Großbaustelle der Universität, die 1965 in einer ersten Stufe eröffnet werden konnte. Als ein paar Jahre später dann noch das Uni-Center gebaut wurde, war für die Buscheystraße samt Schule kein Platz mehr. Am östlichen Ende erinnert jetzt der Buscheyplatz an sie. In Ober-Querenburg hatte man erst um 1890 begonnen, mit der Buscheyschule eine eigene Schule einzurichten, die weiter ausgebaut noch bis Ende der 1960er-Jahre genutzt wurde. Ein Großteil der Grundschüler kam dann, als klar war, dass sich hier alles gewaltig verändern würde, schon frühzeitig in die „Waldschule" bzw. in eine Schule an der Markstraße. Wo die alte

Schule (damals Buscheystraße 111) einmal gestanden hat, ist kaum noch nachzuvollziehen. Der Hustadtring hat zwar die einstige Buscheystraße ersetzt, liegt aber versetzt. Also eher im Uni-Center? Dann wohl am Ende der Fußgängerbrücke über den Hustadtring Richtung Post. Dort verläuft „in der ersten Etage" die Einkaufszone der Querenburger Höhe. Logisch, dass man auf dem Foto von 2015 nichts mehr wiedererkennen kann.

In der Lennershofsiedlung

Was für ein Unterschied! 1964 konnte man von der Ecke Overbergstraße noch weit hinein in die Lennershofstraße schauen. Dort war Anfang der 1920er-Jahre – als sie noch Otto-Hue-Straße hieß – eine Siedlung gegründet worden, gedacht für die Arbeiter der nicht weit entfernten Zeche Klosterbusch und damals die einzige Wohnsiedlung weit und breit. Der Sozialdemokrat August Bahrenberg, ehemals Bergmann mit Spitznamen

„August der Starke", hatte sich als Gemeindevorsteher für den Bau der Häuser, jeweils mit Stall und großem Garten, eingesetzt, denn die Zeche konnte zuvor durch ihren abgelegenen Standort im Lottental nicht genug Bergleute an sich binden. In den 1960er-Jahren gab es die Idee, dass die mittlerweile größer gewordene Lennershofsiedlung den Kern einer Gartenstadt bilden sollte, doch stattdessen entstand die Uni. Seither durchschneidet auch die Universitätsstraße die Siedlung, für die einige der alten Häuser abgerissen werden mussten. Dafür kann man aber nun von der Fußgängerbrücke oberhalb der Uni-Straße wunderbar hinunter in die obere Lennershofstraße mit den liebevoll gepflegten Häusern blicken. Die 2015 mitfotografierten Uni-Gebäude gab es Mitte der 1960er-Jahre noch nicht, aber die Siedlungshäuser sind, wenn auch weiter hinten und sehr klein abgelichtet, bei genauem Hinsehen auf dem alten Bild wiederzuerkennen. Und nach wie vor öffnet sich der Blick hinüber zum Wald am Klosterbusch. Dort steht der alte Lennershof, der Namenspate war für Straße und Siedlung.

Im Schatten der „Gedenkeiche“

An der Westerholtstraße in Querenburg war 1909 ein erstes Kriegerdenkmal errichtet und 1930 durch ein elf Meter langes Bauwerk ersetzt worden, das unter großer Bürgerbeteiligung am Volkstrauertag 1958 neu eingeweiht wurde. 1965 konnte der Fotograf noch ungestört über die Felder gen Norden schauen. Heute stehen dort Büsche und Bäume, und statt der alten Schattbachstraße zieht ein kleiner Fußgängerweg nach links. Vergessen ist

das Ehrenmal nicht, denn eine Kranzniederlegung am Volkstrauertag gehört z.B. für die Freiwillige Feuerwehr Querenburg zur Tradition. Die mächtige „Gedenkeiche“ von 1911 beschattet noch immer den Platz. Dabei war der inzwischen abgelegene Winkel einst eine der Keimzellen Querenburgs, denn folgt man der Westerholtstraße noch ein paar Schritte, so findet man dort zwei der damals wichtigen Höfe: zuerst Hof Frielinghaus und hinter der Mauer den ehemaligen Hof Thöne. Ein Stück Alt-Querenburg, auch wenn nur wenige Meter entfernt die Autos die Uni-Straße entlangbrausen. Von der Westerholtstraße, die vor 1929 Mühlenstraße hieß, existiert nur noch wenig. Ehemals führte sie von der Ecke Schattbachstraße / Overbergstraße geradewegs Richtung Osten bis zum Haus Heven. Inzwischen legt sie hinter dem Ehrenmal noch einige hundert Meter als Zufahrt zu den schönen, alten Anwesen zurück und wird danach zum Fußweg, der am Hustadtring endet. Gegenüber bildet dort schon seit 1992 der Gerlach-von-Heven-Weg die Verbindung hinüber zum Haus Heven.

Blick auf Alt-Querenburg

Diesen Mitte der 1960er-Jahre im Bild eingefangenen Blick zur Buscheystraße gibt es schon lange nicht mehr. Die gesamte Straße musste wenig später enormen Umbaumaßnahmen weichen. Damals stand der Fotograf auf dem sogenannten IA, einem der beiden Fakultätsgebäude, die den Lehrbetrieb bereits 1965 aufnehmen konnten, während ein großer Teil der gerade eingeweihten Ruhr-Uni noch Baustelle war. Hinter den ausgedehnten Parkplätzen mit den „Oldtimern" sieht man links das große dunkle Gebäude der alten Buscheyschule und rechts die evangelische Apostelkirche (Auf dem Aspei), die 1971 abge-

rissen wurde. Hinter den Häusern erstreckt sich das Laerholz und ganz im Hintergrund liegt rechts ein erstes riesiges Neubaugebiet für das moderne Querenburg. Universitätsstraße und Hustadtring, der u.a. die Buscheystraße ersetzen sollte, waren noch in Planung, ebenso das Uni-Center (Baubeginn war 1970). Inzwischen müssen allerdings viele Bereiche der Uni kernsaniert werden, und die Gebäude IA und IB der ersten Stunde wurden gar wegen zu hoher PCB-Belastung abgerissen. So entstand das aktuelle Foto von etwas weiter links und auch von etwas weiter unten. Es zeigt, dass jener Teil des alten Ober-Querenburg heute verschwunden ist. Direkt vor den Gebäuden IA und IB errichtete man später die sogenannten Versuchshallen, die am rechten Bildrand zu erahnen sind. Wo früher noch Parkplätze lagen, sieht man nun die Uni-Straße samt Zubringern und Unterführung sowie Teile des Uni-Centers. Hochhäuser versperren seither die Sicht auf das Laerholz.

Rittergut Haus Heven

Die Universitätsstraße war noch nicht gebaut, als das alte Bild von Haus Heven entstand. Das ehemalige Rittergut am heute kanalisierten Oelbach, der ursprünglich einmal Meeßbach hieß, war einst umgeben von idyllischer, bäuerlich geprägter Landschaft. Und eigentlich ist das immer noch so, wäre da nicht die Uni-Straße, die man „pietätlos“ dem historischen Haus direkt vor die Nase gesetzt hat. Wohl schon im 11. Jahrhundert wurde dort ein Hof erstmals urkundlich erwähnt, als er noch zum Besitz der Abtei Werden gehörte.

Deren Äbte vergaben ihn dann als Lehen an den Adel. Im 14. Jahrhundert baute man den Hof zur Wasserburg mit Rittersitz aus, doch von den Wassergräben ist längst nichts mehr zu sehen. Haus Heven geriet weitgehend in Vergessenheit, fiel hinter großen Bäumen gar nicht ins Auge und tarnte sich scheinbar vor der Umwelt. Auf dem Rad- und Wanderweg durchs Oelbachtal von Langendreer kommend, fuhr man in Richtung Kemnader See daran vorbei und erfreute sich höchstens an der kleinen Tierschar auf der Weide. Dabei gehörten früher einmal zu jenem Gut eine größere Anzahl abgabepflichtiger Kotten und Höfe. Aus diesen entwickelte sich mit zunehmender Bevölkerung und weiterer Teilung des Landes der eigentliche Ort Querenburg zwischen dem Hof Frielinghaus und der Grenze zu Laer. Inzwischen versteckt sich Haus Heven nicht mehr und erinnert mit Wappen und historisch gestalteten Fensterläden zu Recht an seine einstige Bedeutung, auch wenn es nun als Wohnhaus eines privat bewirtschafteten Bauernhofs genutzt wird.

Heu und Hirnschmalz

Ein schönes Bild: 1966 gab es im Bochumer Süden offenbar noch Bauern, die das Heu mit Hilfe des Arbeitspferdes statt eines Traktors wendeten. Ganz im Gegensatz dazu stand der fortschreitende Ausbau der Uni im Hintergrund. Das Ruhrgebiet und Bochum mit ihm befanden sich mitten im Strukturwandel, auch im Bildungsbereich, hatte doch die einzige Universität der Region schon 1818 in Duisburg ihre Pforten geschlossen. Mit der

Grundsteinlegung 1962 fand gleichzeitig die erste Hochschulgründung in Westdeutschland nach dem Zweiten Weltkrieg statt. Die Uni sollte gut ausgebildete junge Leute hervorbringen, die nicht mehr selbstverständlich, wie noch die Generationen davor, Arbeiter würden, denn die Stellen in Bergbau und Industrie brachen immer mehr weg. Damit die Uni möglichst schnell ihren Betrieb aufnehmen konnte, verwendete man damals standardisierte Betonfertigteile. Opfer des gewaltigen Platzbedarfs der Universität und damit verbundener Infrastrukturvorhaben waren leider auch etliche alte Höfe und Fachwerkhäuser in Querenburg. Einige bäuerliche Betriebe im Umkreis blieben aber erhalten, wie der Zeitsprung ins Jahr 2015 beweist. Im unterhalb liegenden Lottental findet man sogar noch einen der ältesten Bauernhöfe der Stadt: Hof Grünendieck, direkt am Lottenbach gelegen, gibt es schon über 500 Jahre. Dort lädt ein Hofladen dazu ein, einen Spaziergang durch das idyllische Tal oder den Botanischen Garten mit dem Kauf hofeigener Produkte zu verbinden.

Die Hufelandschule

Beinahe futuristisch erschien die Gemeinschaftsgrundschule im Jahr ihrer Eröffnung 1969, entworfen in einer „Schachtelbauweise", die heute noch immer gefällt. Damals war alles frisch angelegt und kahl, und im Hintergrund sieht man einige Baukräne, denn die Bauarbeiten an Bochums seinerzeit wohl bekanntestem und auch größtem Siedlungsgebiet, der Hustadt, waren noch in vollem Gange. In Unter-Querenburg bzw. in Querenburg Dorf hatte man Mitte des 19. Jahrhunderts nur wenige hundert Meter entfernt an der

Gabelung Eulenbaum- und Overbergstraße schon einmal ein Schulgebäude errichtet. Bauer Lenners schenkte der Gemeinde dafür einen Streifen Land. Die kleine „Fachwerkhausschule“, wie sie später genannt wurde, zählte 115 Schüler, und der Lehrer wohnte auch dort. 1875 kam wegen stark gestiegener Schülerzahlen ein weiteres Gebäude, die „Backsteinschule“, gleich daneben hinzu. Als Schule genutzt wurden diese bis etwa Anfang der 1930er-Jahre. Schließlich mussten sie der Neubebauung der Hustadt weichen. Das Motto der Hufelandschule lautet „Miteinander leben – miteinander lernen“. Große Bäume umgeben heute die Anlage, die nun sehr viel schöner eingebettet wirkt. Ins Auge fällt sogleich die neu angebaute Fluchttreppe. Die Straße bekam übrigens 1966 ihren Namen nach dem Mediziner Christoph Wilhelm Hufeland (1762–1836), einst der Arzt u.a. von Schiller und Goethe. Rundum findet man ähnlich „Medizinisches“ wie Albert-Schweitzer-Straße, Äskulapweg, Robert-Koch-Straße oder auch Sauerbruchstraße.

Stadt im Wandel

An der Markstraße stand unweit der Stiepeler Straße 1973 noch ein altes kleines Fachwerkhaus, das bald darauf abgerissen und durch ein mehrgeschossiges Wohngebäude ersetzt wurde. Es steht symbolisch für die großen Veränderungen, die in jener Zeit fast überall im Straßenbild auch von Querenburg und dem südlichen Wiemelhausen einsetzten. Als erste Gesamtschule Bochums hatte quasi direkt gegenüber 1971 die heu-

tige Erich-Kästner-Gesamtschule ihre Pforten geöffnet. Verlockung für die Gesamt- und die Hauptschüler war die Aral-Tankstelle, die man anhand der Kachelung und dem Schild gerade noch auf dem älteren Foto erkennt. Zum Volltanken – allerdings mit Süßigkeiten – war sie noch bis in die 1990er-Jahre beliebt, dann wurde sie aber geschlossen und abgerissen. Stattdessen stehen dort heute Wohnhäuser. Die alte Hauptschule wurde ebenfalls geschlossen und abgerissen. Hier errichtete man für die Gesamtschule neue Räumlichkeiten, denn die aus den 1970er-Jahren stammenden Schulgebäude waren stark schadstoffbelastet und konnten nicht weiter genutzt werden. Ist es ein Zufall, dass das Foto genau vor dem alten Fachwerkhaus entstand? Jedenfalls erkundeten damals zwei Neu-Bochumer, die 1967 zum Studium hierher gekommen waren, mit Vorliebe auf kleinen Radtouren (damals modern: Klappräder!) ihre neue Heimat. Und dieser sind sie treu geblieben, denn das Ehepaar gründete in Querenburg eine Familie und freut sich mittlerweile bereits über Enkelkinder.

Großprojekt Uni-Center

Hochhaussiedlung, Einkaufszentrum, Restaurants und Kinos, viele junge Leute und auf jeden Fall Multikulti: das ist das Uni-Center, inzwischen schon mehr als 40 Jahre alt. Am 20. März 1973 war Richtfest. Damals muss der Fotograf wohl auf dem Dach der ehemaligen Buchhandlung Brockmeyer gestanden haben, um diesen Blick in Richtung Nordwesten einzufangen. Die Gebäude, u.a. links die Verwaltung, befanden sich seinerzeit noch im Rohbau. Beim Konzept und der Umsetzung hatte die Stadt mit dem Land NRW und der „Neuen Heimat NRW“ zusammengearbeitet. Das Uni-Center sollte in damals modernem Stil

Wohnraum, gewerbliche Nutzfläche und kommunale wie kulturelle Einrichtungen auf engstem Raum und als reine Fußgängerzone miteinander verbinden. Baubeginn für den ersten Bauabschnitt (dem noch zwei weitere folgen sollten) war im Oktober 1970, und im Oktober 1973 fand die Einweihung statt. Im Hintergrund erkennbar ist das höchste der Wohnhochhäuser, die zusammen mehr als 2.000 Wohnungen bereitstellen. Mitte der 1990er-Jahre wurde das Uni-Center schon einmal umgestaltet und renoviert, und seit einigen Jahren nutzt nun die Ruhr-Uni das zuvor von den beiden christlichen Kirchen gemeinsam erbaute Kirchenforum u.a. als Gästehaus für ausländische Gastwissenschaftler, Doktoranden und Stipendiaten. Den 70er-Jahre-Charme aber hat sich das Uni-Center offensichtlich ganz überwiegend bewahrt, denn beim heutigen Blick auf die Häuserzeile könnte man sich fast wieder zurückversetzt fühlen, wären da nicht die vielen Satellitenschüsseln und die Mobilfunkantennen.

Golfen statt ackern

Romantisch war das ja, wenn man dem Bauern beim Heuen zusehen konnte. Zwar ist Stiepel immer noch unheimlich grün, aber viele alte Höfe werden schon lange nicht mehr betrieben. Familie Hoffstiepel gehörte zu den ersten, die bereit waren, ihren Betrieb aufzugeben, um ihr Land, zu dem auch ein Stück Wald gehört, an den Golfclub zu verpachten. Als Kleinbauern mit zehn Kühen war es zunehmend schwerer geworden, den Hof zu unterhalten. Mitte der 1970er-Jahre ging es noch mit dem Traktor auf die Felder. Und damals nahm der

Fotograf zugleich die Gaststätte „Mailänder Hof" mit der großen Dachfront in den Blick, die nach ihrem Besitzer auch „Haus Wittkopp" genannt wurde. Mit gerade einmal sieben Mitgliedern hatte sich am 1. Juli 1981 der Bochumer Golfclub gegründet, und sogleich begannen die Arbeiten an einer Neun-Loch-Anlage. Als sie 1983 eingeweiht wurde, hatte der Club bereits mehr als 100 Mitglieder. Schön, dass der „Mailänder Hof" samt Nebengebäuden dank der Bemühungen des Clubs nicht abgerissen, sondern restauriert und unter Denkmalschutz gestellt wurde. Die ehemalige Scheune diente als erstes Clubhaus. Seit Mai 1991 wird auf einem nun 50 Hektar großen 18-Loch-Platz gespielt. Jürgen Haarmann, früher Landwirt, kümmert sich heute, auch auf seinem verpachteten Grund, als Headgreenkeeper statt um Kühe um gepflegten Rasen. Ein neues Clubhaus konnte im Juni 2000 bezogen werden, und die Traditionsgaststätte „Mailänder Hof" wurde saniert, nennt sich jetzt aber „Röders Landhaus" und bietet lecker Essen nicht nur für Golfer.

Ruhrland-Apotheke

Die beste Krankheit taugt nichts! Das weiß man auch in Stiepel in der Ruhrland-Apotheke. Mittlerweile wird sie von der dritten Generation Meyer geführt. 1950 hatte Großvater Friedrich eine Apotheke an der Kemnader Straße 250 eröffnet. Als er viel zu früh verstarb, wurde der Betrieb erst einmal verpachtet, bis Sohn Wolfgang nach dem Studium 1972 die elterliche Apotheke gemeinsam mit seiner Frau übernehmen konnte. Im Laufe der Jahre verlagerte sich das Stiepeler Zentrum an die heutige Stelle, und so entschlossen sich die Meyers zum Neubau an der Kemnader Straße 330 auf einer ehemaligen Kuhwiese. Das ältere Foto zeigt das Apothekerehepaar Wolfgang und Renate Meyer bei der Eröffnung 1979 mit dem kleinen Heiko (Jahrgang 1976) und dessen Bruder. Bis 1998 betrieben die Meyers beide Geschäftsstellen, was Ende der 1980er-Jahre besonders vorteilhaft war, denn damals brannte der neue Standort durch einen technischen Defekt aus. So konnten die Leute in Stiepel dank der kleinen Ruhrland-Apotheke weiterhin ihre Rezepte einlösen, bis alles wieder renoviert war und letztlich so wurde, wie man es heute kennt. Im April 2009 übernahm Heiko Meyer die Apotheke von seinen Eltern und freut sich, wenn noch ab und zu Kunden zu ihm sagen: „Ich war doch damals schon bei Ihrem Opa!“ Ob Töchterchen Julia (mit ihren hier erst sechs Monaten) vielleicht einmal in vierter Generation Frau Apothekerin wird? Papa jedenfalls ist jetzt schon stolz.

Kohlen und Klümpchen

Taschengeld? Einmal in der Woche 50 Pfennig! Das waren noch andere Zeiten, als die Kinder der Umgebung sich mit ein paar ersparten Groschen beim Kiosk Brakelmann – an der „Bude" – Klümpchen kaufen gingen. Die Trinkhalle in Querenburg an der Straße Auf dem Aspei war damals die einzige weit und breit, wo man sich noch „ganz klassisch" mit Süßigkeiten eindecken konnte. Hier sieht man Frau Brakelmann mit ihrem Sohn etwa Mitte der 1980er-Jahre auf frisch gepflasterter Straße vor dem Kiosk, den sie bald darauf zumach-

ten. Sicher kennen die Älteren den Namen auch in anderem Zusammenhang, denn Herr Brakelmann führte dort früher mit seinem Bruder eine Kohlenhandlung. Sie sorgten im Viertel dafür, dass überall der Kohlenkeller immer gut gefüllt war, schleppten die schweren Säcke und brachten bei Bedarf auch Brennholz mit, damit es oben in der „guten Stube“ muckelig warm blieb! Doch als nach und nach jeder auf das viel bequemere Heizöl umstieg und die beiden zudem gesundheitlich nicht mehr so gut beisammen waren, eröffneten sie stattdessen den Kiosk. Eine gewaltige Esskastanie war und ist das Markenzeichen des Standorts, in dessen Schatten man sich „am Büdchen“ traf. Der Baum wurde sogar unter Naturschutz gestellt, sodass bei ihrer Umgestaltung die Straße, die damals (etwa 1985) gepflastert und verkehrsberuhigt wurde, etwas verlegt werden musste und zugleich den einstigen Vorgarten zum schmalen Streifen machte. Noch stehen also die alte Esskastanie und auch das kleine Haus, das weiterhin im Besitz der Familie ist.

Kurzchronik des Bochumer Südens

um 885/890	In den Abgabelisten des Klosters Werden wird der Ort „Stipula“ genannt; auch der Name „Quernberga“ taucht dort erstmals auf.
1001/1008	Kaiser Otto gibt den Hof Stiepel an den Grafen Liutger; dessen Frau, Gräfin Imma, lässt um 1008 eine einfache Saalkirche errichten – die spätere Stiepeler Dorfkirche.
nach 1200	Stiepel gehört vom 13. bis ins 18. Jahrhundert hinein zur Grafschaft Lippe, die umliegenden Orte dagegen zur Grafschaft Mark.
17. Jahrhundert	Beginn des Kohle- und Erzbergbaus in Stiepel sowie des Kohleabbaus im Bezirk Querenburg/Wiemelhausen.
1808	In einer der ersten genauen Karten des Amtes Bochum sind im Raum Querenburg über 20 Stollen verzeichnet, aus denen Steinkohle abgebaut wird.
1816	Bochum wird Verwaltungs- und Gerichtsmittelpunkt des neuen Landkreises Bochum; dazu gehören auch Hattingen, Blankenstein mit Stiepel, Witten, Wattenscheid und Herne.
1818	Querenburg hat 286 Einwohner; 1900 sind es 2.115 und 1951 immer noch nur 3.964.
1841	Die Ruhr wird noch als „frisch rauschendes Berggewässer“ beschrieben; 20 Jahre später ist sie die meistbefahrene Wasserstraße Deutschlands.
1868	In Wiemelhausen feiert man nun in der neuen Kapelle an der Brenscheder Straße den katholischen Gottesdienst. Bis dahin wurde der gesamte Süden des heutigen Bochum von der Propstei-Kirche in der Innenstadt betreut. 1887 wird die St.-Johanneskirche geweiht.
um 1870	Der prosperierende Bergbau bewirkt eine massive Zuwanderung von Arbeitskräften. Von den rund 21.300 Bewohnern Bochums sind im Jahr 1871 nur noch rund 7.000 hier geboren.
1880	Stiepel hat rund 3.500 Einwohner – 28 Jahre später sind es etwa 6.500.
1885/86	Zum neuen Landkreis Hattingen zählt u.a. das Amt Blankenstein mit der Gemeinde Stiepel.
1892	Die „Chaussee von Weitmar bis zur Ruhr“, die heutige Kemnader Straße, wird vollendet.
1901	In Querenburg beginnt die Abteufung von Schacht 5 der Großzeche Mansfeld (Langendreer); 1943 wird er stillgelegt. An dieser Stelle wird später das Heizkraftwerk der Uni erbaut, und vor wenigen Jahren erst entstand dort der Technologiepark.
1904	Wiemelhausen wird wie Grumme, Hamme und Hofstede eingemeindet; Bochum hat damit fast 115.000 Einwohner und ist nun Großstadt, die 1910 schon 275.500 Bochumer zählt.
1904	Der Bau der Königsallee beginnt; bis zum Waldring ist sie als Promenadenstraße geplant, der Abschnitt bis zur Markstraße soll der Erschließung des Bochumer Südens dienen.

1910 Das bis dahin zur katholischen Kirchengemeinde Wiemelhausen zählende Stiepel wird selbstständiger Seelsorgebezirk; fünf Jahre später wird die St.-Marienkirche eingeweiht.

1920 In Querenburg beginnt die Selbstverwaltung mit einer kleinen Amtsstelle an der Buscheystraße; davor gehörte man verwaltungstechnisch zu Altenbochum.

1921 Die Stadt Bochum erwirbt Haus Kemnade, und ein Jahr später wird auch Burg Blankenstein Bochumer Eigentum – beide stehen damals schon auf Hattinger Grund.

1929 Neben Stiepel gehören nun auch Querenburg sowie u.a. die einwohnerstarken Gemeinden Werne und Langendreer zu Bochum, das danach rund 320.000 Bewohner hat.

1930 Das St.-Libori-Haus in Querenburg wird eröffnet. Das Senioren-Stift hat auch eine Kapelle für den Gottesdienst, sodass die Katholiken nicht mehr nach Wiemelhausen müssen.

Lange Zeit war die Landwirtschaft prägend für den Bochumer Süden. Hier sieht man, wie sich ein Bauer 1956 von seinem Hof an der Hevener Straße mit Pferd und Wagen zur Arbeit aufmachte. Vor allem auch rund um das Lottental blieben glücklicherweise einige alte Bauernhöfe bis heute erhalten.

1943	In der Nacht zum 14. Mai erfolgt der erste Luftangriff auf Bochum, der besonders in Wiemelhausen schwere Schäden anrichtet; u.a. wird Haus Brenschede im Lottental zerstört. Die späteren Großangriffe auf Bochum übersteht der Süden relativ glimpflich.
10./11. April 1945	Die Stadt Bochum wird von amerikanischen Einheiten besetzt, dann aber dem Besatzungsgebiet der Briten zugeschlagen.
1948	Im Landtag fordert man fraktionsübergreifend eine zweite technische Hochschule für Westfalen; Standortfavorit ist zunächst nicht Bochum, sondern Dortmund.
1950er-Jahre	Nach dem Krieg leben im Bochumer Süden die Kleinzechen und mit ihnen die Kohleförderung noch einmal auf – Höhepunkt ist in den 1950er-Jahren.
1960	Ende Februar schließt mit der Zeche Prinz Regent in Wiemelhausen die erste Bochumer Großzeche – das Ende jener bedeutenden Epoche ist damals längst eingeläutet.
1960	Die Landesregierung genehmigt endlich die Mittel für den Kauf eines Grundstücks zum Bau einer Universität; im Landtag setzt sich nach harten Diskussionen Bochum als Standort mit 102 zu 87 Stimmen gegenüber Dortmund durch.
1962	Grundsteinlegung für die Ruhr-Uni, der ersten im Ruhrgebiet nach 1818. Mit dem Bau von Uni und Opel befinden sich gleich zwei der größten Baustellen Europas in Bochum.
1963	Im Bereich Querenburg/Wiemelhausen endet mit der Zeche Eulenbaum der aktive Bergbau.
1965	Es geht los: In den ersten geistes- und naturwissenschaftlichen Abteilungen der Ruhr-Universität wird im November der Vorlesungsbetrieb aufgenommen.
1967	In Stiepel schließt mit der Kleinzeche Küper-Kaeseberg die letzte Zeche.
1967	Die Planungen für die Hustadt beginnen; in der Universitäts-Wohnstadt sollen 25.000 Menschen ein Zuhause finden – 1968 ziehen trotz Großbaustelle schon die ersten Mieter ein. Und auch in Steinkuhl werden 900 Wohnungen entstehen. Fertig ist alles erst 1979.
1967	Wegen der vielen Neu-Querenburger entsteht die katholische Universitäts-Pfarrei St. Augustinus.
1971	Die heutige Erich-Kästner-Gesamtschule wird an der Markstraße als erste Bochumer und als eine von 30 deutschen Versuchs-Gesamtschulen (seit 1982 eine Regel-Schule) eröffnet.
Oktober 1973	Feierliche Einweihung des Uni-Centers – zwei weitere Bauabschnitte folgen aber noch.
1974 bis 1979	In Querenburg wird die Fachhochschule Bochum, heute Hochschule Bochum, errichtet.
1975	Durch die kommunale Neuordnung gehören Stiepel, Querenburg und Wiemelhausen nun zum Stadtbezirk Süd.
1980	Einweihung des Kemnader Sees. Mit seiner 125 Hektar großen Staufläche wird er ein Paradies für Wassersportler und Ausflügler, aber auch ein „Mekka“ für Ornithologen.

1990	Das Zisterzienserkloster an der Kemnader Straße feiert Einweihung. Mittlerweile zieht die Klosterkirche St. Marien jedes Jahr rund 40.000 Pilger nach Stiepel.
2005	Gründung des gemeinnützigen Vereins „University meets Querenburg“ mit dem Ziel zur Begegnungs- und Straßenkultur beizutragen und Aktivitäten aus Universität und Stadtteil zu vernetzen.
seit 2007	Die Universität wird – auch im Zuge der Exzellenzinitiative – umfassend saniert; seit 2006 fertig ist bereits die Hauptmensa. Die ältesten Gebäude der Uni (IA und IB) sind inzwischen abgerissen. 2016 sollen alle Arbeiten abgeschlossen sein.
2008	Die Deutsche Bundespost bringt eine Sonderbriefmarke heraus, um das Jubiläum „1000 Jahre Dorfkirche in Bochum-Stiepel“ zu würdigen.
2015	Die Ruhr-Universität Bochum feiert ihr 50-jähriges Bestehen. Auf der gesperrten Universitätsstraße findet dazu das Bürgerfest „Blaupause“ statt.

Mit dem Bau von Universität, Uni-Center und Universitäts-Wohnstadt hat sich Querenburg radikal verändert. Im Bild eines der ersten Institutsgebäude. Der Fotostandort aus dem Mai 1965 lag im Umfeld der heutigen „KiTa“ im Uni-Center.